最新研究でここまでわかった

日本史 通説のウソ

日本史の謎検証委員会 編

彩図社

はじめに

「織田信長は天下布武を掲げて武力で全国を統一する意思を示した」

「新政府軍が掲げた錦の御旗がきっかけで、幕府軍は士気を失って鳥羽伏見の戦いに敗れた」

「坂本龍馬がリーダーシップを発揮したことで、薩長同盟は成立した」

どれも有名なエピソードだが、これらが歴史学の世界ですでに否定されていることを、皆さんはご存知だろうか？


確かに、織田信長が「天下布武」というフレーズを使ったのは事実だが、「天下」は「日本全国」ではなく、「京」という意味だった。鳥羽伏見の戦いは、錦の御旗が掲げられる前から幕府軍が劣勢だったことがわかっているし、薩長同盟に関しても、主体的に関わったのは坂本龍馬ではなく、龍馬と同じ土佐藩出身の中岡慎太郎だったことが、史料によって裏付けられている。

こうした研究の成果を反映して、歴史教科書は少しずつ変更されていく。２０１７年11月には、専門家たちが示した歴史用語の精選案に、坂本龍馬や武田信玄、上杉謙信の名前が載っていなかったことが話題になったが、それも研究成果を踏まえてのこと。今後も教科書改訂の時期になれば、意外な見解を知ることができるはずだ。

もちろん、教科書がすべて正しいわけではない。新たな遺構の発掘や、新史料の発見、さらには史料の比較・検証が多角的に行われることで、新説は生まれる。それが教科書に反映されるまでには時間がかかるため、一般的に知られていないだけで学界ではもう古い、という話は、かなりの数にのぼるのである。

本書では、これまで明らかになった歴史の真相を、人物、事件、戦争、文化・制度という四つのテーマに分類して紹介していく。どのテーマも、テレビや映画、小説で脚色されて実態が異なることが多いため、読み進めていただくと、意外な真相を知ることができるはずだ。

タイムマシーンでも発明されない限り、確固たる真実を知ることはできないが、残された史料や史跡によって、真実に近づくことはできる。一度覆された通説が再び注目を浴びることがあるかもしれないし、これまで謎に包まれてきたことが、一気に解明することもあるかもしれない。もちろん、異論も出てきて簡単には決着がつかないだろう。

しかし、何が真実に近いのかを考えることこそ、歴史を楽しむ醍醐味である。その醍醐味を本書で少しでも味わっていただけたら、幸いである。

最新研究でここまでわかった

日本史　通説のウソ

目次

第一章 人物にまつわるウソ
～誤解されがちな先人たちの実像～

第二章 事件にまつわるウソ

~歴史を変えた事件の舞台裏~

第三章　戦争にまつわるウソ
～史実からみるリアルな戦い～

第四章 文化・制度にまつわるウソ

~今とはこんなに違う歴史常識~

第一回内国勧業博覧会のときに撮られた集合写真。中央列に座る目の彫りの深い男性が、内務卿の大久保利通。(『公爵松方正義伝』国会図書館所蔵)

第一章
人物にまつわるウソ
誤解されがちな先人たちの実像

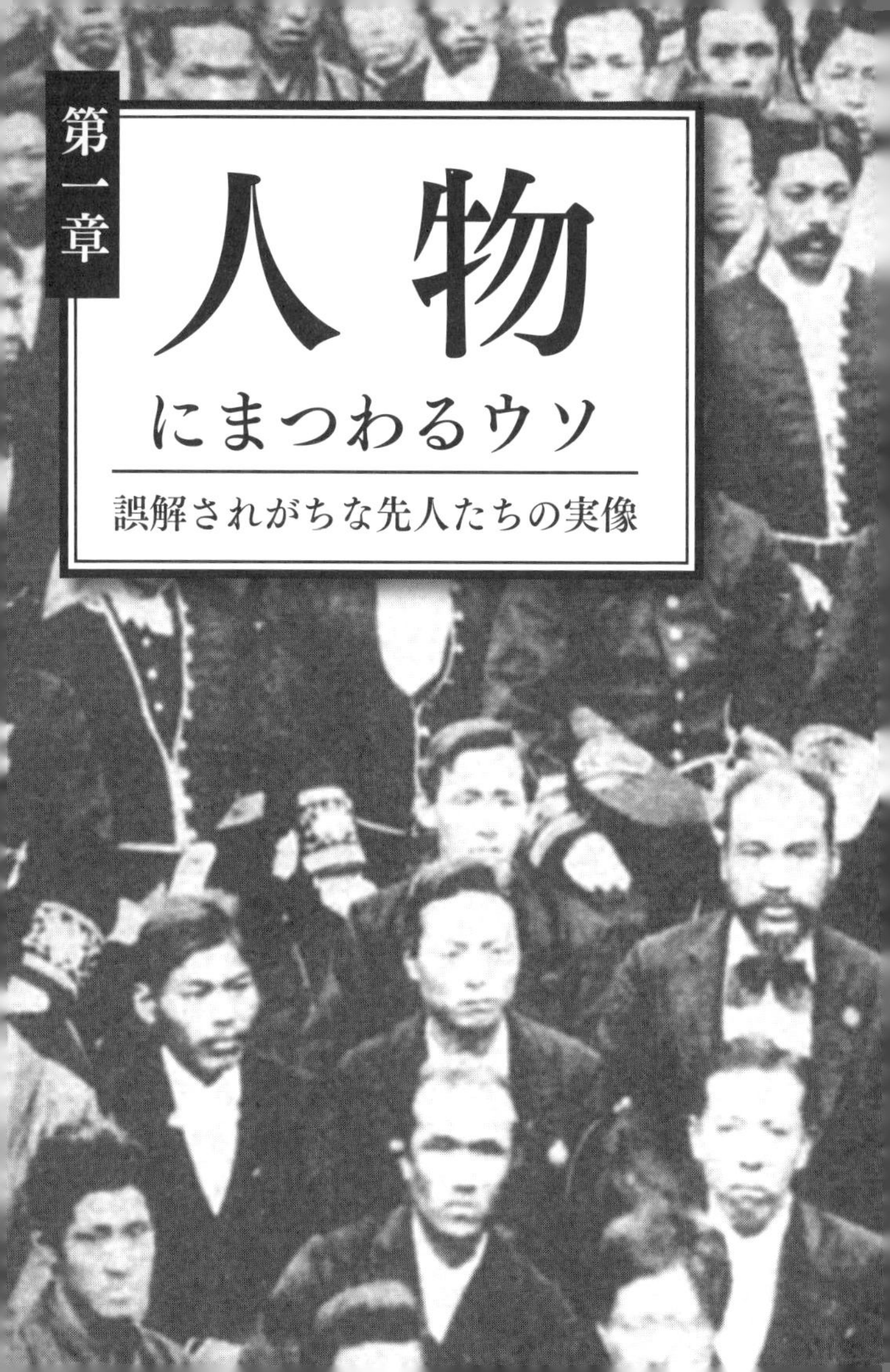

1 邪馬台国の支配者が卑弥呼というのはウソ

通説

3世紀半ば、「倭国《わこく》」と呼ばれていた日本を統治していた「邪馬台国《やまたいこく》」。その女王にして巫女《みこ》だったのが、卑弥呼《ひみこ》である。当時、日本には100近くの小国が乱立し、80年以上も戦争を繰り返していた。野蛮な男の王が争乱の原因だと考えた邪馬台国は、女性の王を立てることを決める。こうして選ばれたのが卑弥呼だった。結果、戦乱は終息し、その後の倭国は卑弥呼を女王とする邪馬台国に統治されたのである。

真相

卑弥呼の存在は中国の歴史書に記録されているが、よく読むと邪馬台国の女王だとする記述はない。**あくまで倭国の王として記されており、邪馬台国の王であるとは書かれていない**のだ。卑弥呼が政治的な実権を持たなかったと考える研究者もおり、現在イメージする女王とは実像が異なるかもしれないのだ。

女王と呼ばれた卑弥呼の実像

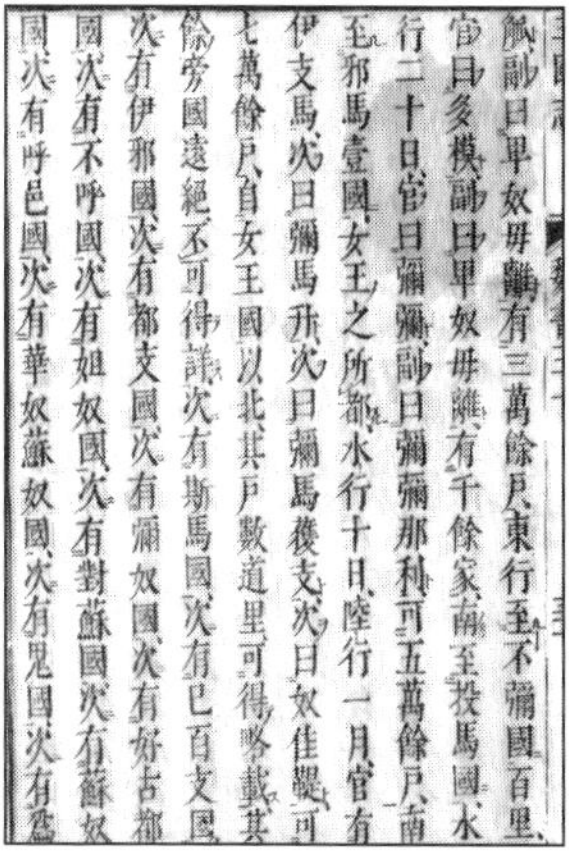
觚副曰卑奴母離有三萬餘戸東行至不彌國百里
官曰多模副曰卑奴母離有千餘家南至投馬國水
行二十日官曰彌彌副曰彌彌那利可五萬餘戸南
至邪馬壹國女王之所都水行十日陸行一月官有
伊支馬次曰彌馬升次曰彌馬獲支次曰奴佳鞮可
七萬餘戸自女王國以北其戸數道里可得略載其
餘旁國遠絶不可得詳次有斯馬國次有已百支國
次有伊邪國次有都支國次有彌奴國次有好古都
國次有不呼國次有姐奴國次有對蘇國次有蘇奴
國次有呼邑國次有華奴蘇奴國次有鬼國次有爲

「魏志倭人伝」における邪馬台国の記述。４行目に「邪馬台国」の文字が見える（国会図書館所蔵）

卑弥呼の通説は、３世紀末頃の中国で書かれた「魏《ぎ》志《し》倭《わ》人伝《じんでん》」に基づいている。ただ、ここに卑弥呼が「邪馬台国の王」だという記述はない。あるのは、争乱の続いた倭の国々が共同で女性を王にしたという記録だ。「魏志倭人伝」によれば、中国北部を支配していた魏は、２３８年

（２３９年説もあり）に卑弥呼へ「親魏倭王《しんぎわおう》」の称号を与え、２４０年には詔勅《しょうちょく》で「倭国女王卑弥呼」と記している。倭国と狗奴国《くなこく》（倭国南部にあったとされる国）の不仲を伝える記録でも、卑弥呼を倭の女王と記していて、邪馬台国ではなく倭国のトップとして扱っている。「邪馬台国が女王の住む都」だという記述はあるものの、他国から邪馬台国へ倭国の盟主としてやってきた可能性もあるため、慎重に考えなければいけない。『日本書紀』を注意深く読むと、**卑弥呼は倭国の王ではあるが、邪馬台国の王であるとは断定できない**のである。

そもそも、邪馬台国が倭国を支配していたと考えること自体、現在は否定的な意見が少なくない。卑弥呼の女王就任後も30程度の小国は乱立したままで、倭国全体を支配する王朝が存在しなかったからだ。いわば**倭国とは連合国家のようなもの**で、邪馬台国はその支配者ではなく、連合の盟主だったと考えられているのだ。

「卑弥呼＝邪馬台国の女王」という〝常識〟が学界ではすでに古い。これだけでも驚きだが、ここからさらに推測を重ねる研究者もいる。卑弥呼は倭国のトップにこそ立ってはいたが、**政治的な実権はほぼなかったという説がある**のだ。

「魏志倭人伝」によれば、卑弥呼の役割は巫術《ふじゅつ》を用いた占いと神事である。神託を伝えるときだけ姿を見せ、通常は１０００人の召使に身の回りの世話をさせながら宮殿にこもっていたという。

これを補佐していたのが、卑弥呼の弟だ。この弟が政治の実務を担当し、卑弥呼は倭国のシンボル的存在として君臨していたのでは、というわけである。

さらに、**「卑弥呼」は個人名でなく、役職名もしくは尊称**だとするユニークな説もある。根拠となるのが、5世紀に成立した『後漢書』の東夷伝《とういでん》だ。そこには189年頃に卑弥呼という「年増」の女性がいたと記されている。しかし、卑弥呼の没年は247年か248年と考えられているので、同一人物にしては年代が離れすぎている。ここから論を展開し、卑弥呼は『古事記』や『日本書紀』に記されている「姫命」や「媛命」、つまり尊称を意味すると考える研究者がいるのだ。

ただ、この説に従えば、卑弥呼のあとに立ったとされる「壱与《いよ》」の名に矛盾が生じるし、そもそも『後漢書』は「魏志倭人伝」より約150年ものちに成立しているので、脚色された可能性も否めない。

卑弥呼はまだまだ謎に満ちた存在だが、発掘調査が進む現在、邪馬台国に関係するのではないかという新発見が相次いでいる。今後の研究に期待したい。

2 道鏡が皇位を狙っていたというのはウソ

通説

道鏡《どうきょう》といえば、皇位簒奪《さんだつ》を狙った奈良時代の僧侶である。761年に孝謙《こうけん》上皇（後の称徳《しょうとく》天皇）の病を癒して信頼を得た道鏡は、その地位を利用して朝廷への影響力を拡大。法王と太政大臣禅師《だいじょうだいじんぜんじ》に就任したばかりか、神託を利用して天皇の座すら狙っていた。このもくろみは称徳天皇の崩御《ほうぎょ》によって失敗したが、天皇家を乗っ取ろうとした謀反人として、道鏡は今も日本三悪人の一人に数えられている。

真相

実は、道鏡が天皇の座に就こうとしていたことを示す同時代の史料は、存在しない。

そのため**道鏡に野望があったとする説は、現在はほぼ否定されている。**道鏡が皇位を得る可能性があったのは事実だが、皇位に関する騒動の原因は、天皇の方にあったと考えられているのだ。

皇位簒奪を図った悪人として、江戸時代には道鏡を題材にした物語が多数描かれた（十返舎一九作／歌川国安画『弓削道鏡物語』国会図書館所蔵）

称徳天皇と道鏡

江戸時代の大衆文学を読むと、道鏡の皇位簒奪にまつわるエピソードがすぐに見つかる。だが、道鏡にそうした野望があったと記す史料は、大半が後世に書かれている。奈良時代の基本史料『続日本紀《しょくにほんぎ》』にそうした記述はない。『続日本紀』にあるのは、769年に宇佐八幡宮《うさはちまんぐう》から「道鏡を天皇の位に就かせよ」という神託を聞いて喜んだという記述と、天皇の死後に皇位簒奪未遂者として処罰されたとする一文だけだ。

これだけ読むと、道鏡に皇位簒奪の意志があったようにも見えるが、当時の記録書は、天皇や朝廷をなるべく悪く見えないように書くのが普通なので、道鏡の行いが誇張されている可能性がある。では本当のところはどうだったのかといえば、**孝謙天皇が道鏡を寵愛しすぎて皇位に就けようとした**、とする説が支持を集めているのだ。

孝謙天皇が生きた奈良時代は、いまだに豪族の権力が大きく、朝廷は政争に明け暮れていた。そんななかで未婚女性である孝謙天皇が即位すると、貴族から猛反発を受けてすぐに皇位を譲ってしまう。しかも度重なる政争の影響か、孝謙上皇は病を患った。そんな孝謙上皇を癒したのが、道鏡だった。

道鏡は、若いときに東大寺などで修行を重ねて秘法を会得し、内道場《ないどうじょう》（宮中の仏殿）に入ることを許されていた。上皇は親身になって看病してくれる道鏡を、誰よりも重用するようになった。

当然、周囲の反発は強くなったが、上皇は毅然とした態度で対応した。太政大臣・藤《ふじ》原仲麻呂《わらのなかまろ》が反乱を起こすと、鎮圧して関係者を処刑。その後ろ盾となっていた淳仁《じゅんにん》天皇を追放し、称徳天皇として重祚《ちょうそ》（再即位）した。

邪魔者がいなくなったことで、称徳天皇は道鏡を一層贔屓《ひいき》するようになっていく。大臣禅師という新しい官位を創設し、僧侶である道鏡に政治権力まで与え、やがて太政大臣禅師や法王にまで出世させたのだ。

新設された官職に具体的な権限は定められなかったため、道教が政治に積極的に口出ししてきたのか、疑問は残る。だが、月々の食料の量は天皇に準ずるとされたので、高い地位であることは間違いない。

それでも結局、道鏡の即位は失敗した。道鏡の即位を促す神託が宇佐八幡宮から出ると、和気清麻呂《わけのきよまろ》らがこれを阻止して即位の機会を逸する。そして天皇が崩御すると、道鏡は下野薬師寺《しもつけやくしじ》に追放された。

なお、両者が男女の仲だったと伝える史料もあるが、史料的価値の低い書物が多いため、脚色が加わっていると考えるべきだ。称徳天皇が道鏡を重宝したのは、彼女が**「崇仏天皇」と称されるほど仏教を重んじていた**ことも大きいだろう。

それに、朝廷から追放されたとはいえ、道鏡は僧籍を剥奪されていない。道鏡の出世に便乗して宮中入りした親族も残らず追放されたが、重罪になった者はいない。本当に皇位簒奪を狙っていたら、さすがに微罪で済むことはなかったはずだ。事件は、皇位簒奪というセンセーショナルな部分が独り歩きしたと考えていいだろう。

3
教科書に載る肖像画が偉人の素顔というのはウソ

通説

歴史上の人物を知るうえで、肖像画は役に立つ。事績と顔とがリンクして、人物像をイメージしやすいからだ。とくに、歴史の教科書でおなじみの「源頼朝像」は、国宝にも指定されるほど美術的な価値は高い。この頼朝像のほかにも、紙幣にも採用された聖徳太子像や、騎馬武者姿の足利尊氏像など、有名な肖像画は数多く、偉人たちの往年の姿をいまに伝えている。

真相

源頼朝像や足利尊氏像など、過去には教科書にも載るほどだったこれらの肖像画は、現在では別人を描いたものだと考えられている。そのため、教科書への掲載が見送られたり、**本人とは断定できない**と解説が添えられたりしているのだ。

「伝源頼朝像」（左／神護寺所蔵）と「騎馬武者像」（右／京都国立博物館所蔵）。それぞれ源頼朝、足利尊氏の肖像画と考えられてきたが、現在は別人説が支持を集めている

モンタージュだった西郷隆盛像

歴史上の人物の肖像画で、「源頼朝像」を知らない人は、まずいないだろう。貴族を思わせる黒の装束を身にまとい、首から上にはリアルな顔立ちが目に入る。作は12世紀末の貴族・藤《ふじ》原隆信《わらのたかのぶ》とされ、京都市の神護寺《じんごじ》が所有している。同寺に伝わる「平重盛《たいらのしげもり》像」「藤原光能《ふじわらのみつよし》像」とともに神護寺三像《じんごじさんぞう》と呼ばれ、１９５１年には国宝

に指定されるほど、史料的・美術的価値は高い。

だが、1995年、美術史家の米倉迪夫《よねくらみちお》氏が、この通説に異を唱えた。モデルは源頼朝ではなく、足利尊氏の弟である直義《ただよし》であると提唱したのだ。この別人説が定着し、頼朝像は「**伝源頼朝像**」と呼ばれるようになったのである。

米倉氏は頼朝像以外の神護寺三像もモデルは別人だと唱え、重盛像は足利尊氏であると考えた。**尊氏といえば騎馬武者像が有名だが、あの肖像画も現在では別人のものだと考えられている**ため、今後研究が進めば、伝重盛像が尊氏の肖像画として教科書に載る日も、くるかもしれない。

モデルが違うと提唱された肖像画は、他にもある。

たとえば、1万円札を飾った聖徳太子像。唐本御影《とうえいみほん》と呼ばれ、現在は宮内庁が所蔵しているが、その中国風の服装は太子が生きた飛鳥時代のものではなく、奈良時代の貴族のもの。描かれたのは太子の在世中ではなく、死後100年以上経った8世紀ごろだと考えられている。12世紀には聖徳太子像として法隆寺に伝来していたことが史料から確かめられるが、**そもそも本当に聖徳太子を描いた肖像画なのかはわかっておらず、別人説も根強い**。

そして最後に紹介したいのが、西郷隆盛の肖像画だ。新しい西郷隆盛像が発見された、と時折話題になるが、それは西郷が写真嫌いで、生前に写真や肖像画を一枚も残さなかったから。しかし、新しく西郷隆盛像が見つかっても、時期やモデルが不確かで、決定的な肖像画にはなっていない。

一般的にイメージされるのは、イタリアの画家エドアルド・キヨッソーネが描いた肖像画だろう。彼は西郷と一度も会ったことはなかったが、西郷の朋輩だった得能良介《とくのうりょうすけ》のアドバイスを受け、顔の上半分は弟の従道《つぐみち》、下半分は従弟の大山巌《おおやまいわお》をモデルにして西郷像を作成した。すなわち、モンタージュである。

西郷の妻の糸子に「こげな人じゃなか」と言われた上野の西郷像もこれを参考にしているため、本当に似ているのかわからないが、西郷の遺族のお墨付きを得ている肖像画なので、**極端に違うということはなさそう**だ。

キヨッソーネ画以外にも、西郷と交流のあった画家が残した肖像画はいくつかあり、細かな違いはあるものの、ふくよかな面立ちと濃い眉毛、大きな目は共通している。２０１８年１月に発表された肖像画も、そんな特徴を残していた。鹿児島県枕崎《まくらざき》市で見つかったもので、作者や制作年は不明だが、朝日新聞の記事によれば、西郷ゆかりの縁者は「祖先から聞いている西郷さんの特徴がそろっている」と期待しているという。

4 日野富子が悪妻だったというのはウソ

通説

足利義政《あしかがよしまさ》の妻・日野富子《ひのとみこ》は日本三悪女の一人に数えられている。

わが子を将軍にしようと画策して応仁《おうにん》の乱を引き起こしたかと思えば、庶民が困窮に喘ぐ中、金儲けに目がくらんで高利貸しや米の買占めで巨万の富を得た。まさに悪女と呼ぶに相応しい行いである。

真相

確かに、富子は政治に口出しをし、蓄財にも励んだ。だが、その原因となったのは、政務を顧みずに遊興に没頭した義政や、大大名間の対立、有力大名の家督争いなど、複雑な要素がある。

現在では、**日野富子は応仁の乱の開戦にはあまり関与していなかった**という意見が多く、それどころか戦乱を収めようと尽力していたことがわかっているのである。

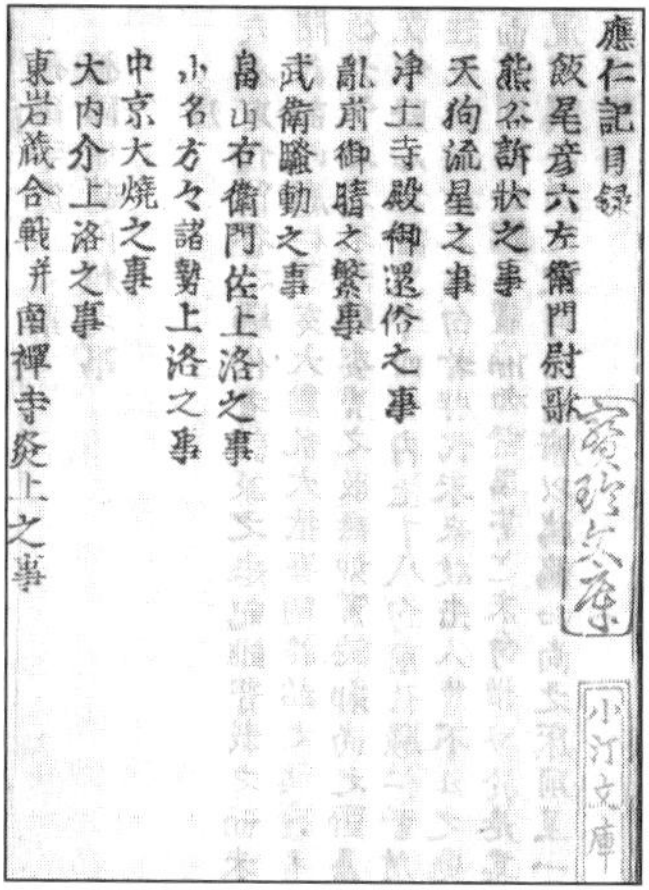
應仁記目録
飯尾彦六左衛門尉歌
熊谷訴状之事
天狗流星之事
浄土寺殿御還俗之事
亂前御晴之繁事
武衛騒動之事
畠山右衛門佐上洛之事
小名方々諸勢上洛之事
中京大焼之事
大内介上洛之事
東岩蔵合戦并南禅寺炎上之事

応仁の乱について記した『応仁記』。日野富子の従来のイメージはこれに負うところが大きい（国会図書館所蔵）

応仁の乱を終息させた御台所

応仁の乱は、将軍の後継争いがきっかけだとよくいわれる。義政の弟義視《よしみ》と、義政の息子義尚《よしひさ》の対立だ。義視を推す義政は、大大名である細川勝元《かつもと》を後見人とした一方で、義尚を擁立したい富子は、同じく大大名の山名宗全《やまなそうぜん》に接近。戦乱にいたったというのが通説だ。

だが、事実はそう簡単な話ではなかったらしい。実は、富子が宗全を頼ったという記述は、『応仁記』以外に見当たらない。『応仁記』は必ずしも史実に則っているわけではなく、史料としての信頼性は低い。そのため現在では、富子の関与が本当にあったのか、疑問視されているのである。

実際には、義視と義尚の対立というよりは、**義視と勝元の確執**が影響を与えていた。そもそも室町幕府は、将軍の補佐役である管領《かんれい》の細川家が代々実質的に権力を握ってきたが、義政の時代には同じ管領の山名氏が、勢力を挽回しようと全国の大名と連携を強化していた。

この**山名氏に義視も近い関係にあった**のだが、義尚が誕生すると、義視は後見人である勝元を頼り始める。勝元としては義視は中継ぎに過ぎず、成長した義尚を擁立するつもりだったが、畠山氏の家督争いが武力衝突に発展すると、思惑は外れる。家督争いに山名宗全らと細川勝元らが介入し、義視は勝元率いる東軍の総大将となったものの、西軍が攻勢に転じると義視は京都から出奔し、戻ったときには、なんと西軍に与していた。まさに泥沼の戦いである。

義視がなぜこのような行動をとったのか、理由ははっきりしていない。義視が勝元を離れて西軍に身を寄せたことで戦乱が長引き、幕府の権威が失墜したことは確かだ。

ここで幕府の権威回復のために活躍したのが、富子である。室町幕府は直轄領が減少し、財政が逼迫していたが、それにもかかわらず、義政は浪費を繰り返すばかり。これでは、幕府の権威どころか足利家の命運も定かでない。

そこで富子は蓄財に走った。金融業によって財力を拡充させ、それを**朝廷や諸大名の信用を得るための資金にして、戦乱の収拾を図った**のである。

まず、和睦後も都に残っていた西軍の畠山義就に1000貫、現在のおよそ1億円を貸して兵を引かせた。同じく都に残留していた大内政弘には、朝廷から官位を下すことと、幕府に没収された領地を返還することで納得させることに成功。朝廷の信頼を得ていたからこそ、提案できた解決案だ。こうした富子の働きが影響して京から兵は一掃され、応仁の乱は終結を迎えたのである。

義政は義政で戦乱の収束を図っていたが、やることがことごとく裏目に出てうまくいかなかった。そんな夫に代わって、富子は足利家を守るために奮闘していたわけだ。

もっとも、**義政が富子に頭が上がらなかったのは事実**のようなので、義政からすれば、富子は悪女に見えたのかもしれない。

5

天皇は戦国時代に無力だったというのはウソ

通説

戦国時代は、天皇にとって江戸時代に次ぐ不遇の時代だった。鎌倉時代の武家政権成立以降、天皇が保有していた権力は武士に奪われ、政治や軍事の実権を失った。それどころか、室町時代には唯一残った改元や叙任の権限まで奪われた。そのため、戦国時代においても天皇の権威衰退が著しく、戦国武将に対して無力に等しかった。

真相

武家政権の発展で天皇の権力が低下したのは、確かに事実。だが、室町幕府が衰退すると、改元や叙任などの権限を一部取り戻し、権力はなくともその権威は戦国時代の大名も無視できないほどになっていた。**幕府の権力が分散したことで、かえって天皇の権威が見直されるようになった**のである。

復活した天皇の権威

朝廷が二分された南北朝の動乱と室町幕府の政策で、天皇の権力は類を見ないほど低下した。だが、天皇の弱体化政策を進めた3代将軍足利義満が死ぬと、天皇の権威は徐々にではあるが復活していく。

　その象徴的な出来事が、1439年に起きた。関東の反乱を鎮圧するため、6代将軍の足利義教《よしのり》が天皇に綸旨《りんじ》を求めたのだ。義満の治世以降、幕府が朝廷に反乱の鎮圧許可を求

天皇に反乱鎮圧の綸旨を求めた足利義教（法観寺所蔵）

正親町天皇（泉涌寺所蔵）

めることはなくなっていたが、義教は正当性を得るために許可を求めたのである。

　しかし、それまでは反乱の鎮圧に綸旨《りんじ》を必要とすることがなかったので、かえって幕府の弱体化を武将たちに広めることになり、結果として、天皇の権威は逆に高まった。

　そして戦国時代になると、天皇の権威はさらに上昇した。応仁の乱以後も官位を授与する権利＝叙任権《じょにんけん》は室町幕府に奪われたままだったが、将軍の権威が失墜すると、各武将は権威付けのために官位を朝廷へ直接要求し始め、天皇も幕府の取り決めを無視して、任官を許していくのである。

　武将は官位で己の威信を高めただけでなく、隣国への侵攻時には朝廷から征伐の綸旨を受けることで、**自軍の侵攻の正当性を得ようとした**。越後（現新潟県周辺）の大名・上杉謙信も、天皇の発した「戦乱平定の綸旨」を大義名分として関東を攻撃している。

　そうしたなかでも、**特に天皇との結びつきを強めていたのが、意外にも織田信長**である。信長は財政難の朝廷に献金をしつつ、禁裏《きんり》の修理に協力して天皇の信頼を勝ち取ると、その威光を存分に利用した。１５７０年に浅井《あざい》朝倉《あさくら》連合軍に攻められると天皇の協力で講和し、同年に15代将軍足利義昭《よしあき》が織田家と敵対したときには、またもや朝廷の仲立ちで幕府との和睦を成立させた。

しかし、信長が天皇へ敬意を抱いていたかは、疑問視する意見もある。正親町《おおぎまち》天皇の綸旨を無視してキリスト教の布教を認めたように、信長と朝廷の間には、利害関係しかなかったとも解釈できる。

信長の死後に天下を取った豊臣秀吉も、天皇との関係を重視した。朝廷から豊臣姓と太政大臣の役職を得ると、天皇の名で大名同士の戦争行為を禁止する「惣無事令《そうぶじれい》」を全国に発して、全ての大名に天皇とその臣下である豊臣家への従属を義務付けたのである。

このように、信長や秀吉の躍進には、必ずと言っていいほど天皇の威光が関わっていた。利用されたと言ったらそれまでだが、逆に言えば、大名同士の戦いを天皇の名で制御できるほどの威光を保っていたことは確かだ。

とはいえ、天皇がその威光をもって自分で大名を制御しようとした形跡はない。存在感を取り戻したといっても、**戦国時代の朝廷は極度の財政難**にあり、大大名から資金援助がなければ成り立たない状況にあった。頻繁に官位を武将に与えたのも、資金調達が目的の一つ。いわば、戦国時代の天皇は戦国武将の陰に隠れていたのではなく、**一種の共生関係にあった**のである。

6 井伊直虎が女性だったというのはウソ

通説

戦国の世では珍しい女性城主だった井伊直虎《いいなおとら》。遠江国の井伊谷《いいのや》城城主・井伊直盛《いいなおもり》の娘だったが、父や婚約者の相次ぐ死亡で成人男子がいなくなると、家の存続のために城主になった。そして戦国乱世を巧みな手腕で乗り切り、親族の井伊直政《なおまさ》を徳川四天王に数えられる猛将にまで育成。直虎なくして、その後の井伊家の存続はあり得なかった。

真相

近年、新たに発掘された史料に基づき、井伊直虎に関する新説が発表された。他の武将と同じように、**直虎も男性だった可能性が浮上している**のである。

井伊家の墓所。右から二番目に位置するのが直虎の墓（Ⓒ Doricono）

井伊直虎男性疑惑

大河ドラマで主人公となったことで一躍脚光を浴びた井伊直虎。女性でありながら城主という特異性から、歴史ファンの間では以前から有名な武将だったが、その知名度の割には、わかっていない点が多い。

直虎を女だとする根拠は、『井伊家伝記』と『寛政《かんせい》重修《ちょうしゅう》諸家譜《しょかふ》』という二つの史料に基づいている。だが、これらの史料は江戸時代に作られたもので、他の史料と矛盾する点が多々あり、その信憑性は高くない。それでも女性説が信じられてきたのは、**直虎に関する史料自体が乏しい**ため。特に反論するような材料がなかったため、女性説が定着していたわけだ。

しかし2016年、そんな状況が一変した。直虎が男だった可能性を示す史料が見つかったのである。発見者は「井伊美術館」の井伊達夫館長だ。井伊館長は、井伊家家老によって1735年にまとめられたという写本を彦根市で発見。ここに、跡取りのなくなった井伊家へ、**今川家家臣の関口氏経《せきぐちうじつね》の息子「井伊次郎」が入った**と記されていた。若き日の直虎の名が次郎法師だったことから、井伊館長はこの次郎こそが直虎だと指摘している。

さらに2017年4月にも、同美術館は直虎男説を補強しうる『河手家系譜』が見つかったと発表。ここに、「井ノ直虎」＝「次郎也」と記されていたのだ。幕末に記された二次史料だが、さきに発見された史料のことを考えると、あながち間違いだとは言い切れない。史料の出処が古本屋ということで、信憑性を疑問視する声もあるが、今後の研究に新しい道筋をつけることは間違いない。

謙信女疑惑

性別を疑われている武将は直虎だけではない。もっとも有名なのは、**上杉謙信女説**だろう。

一般的には、毘沙門天《びしゃもんてん》への信仰を守るために生涯独身を貫いたとされているが、八切止夫《やぎりとめお》という大正生まれの歴史作家は、女性だったから妻子を持たなかったという説を唱えた。

謙信は月に一度は部屋に篭るほどの腹痛持ちだったというが、八切いわく、これは生理痛なのだという。また、スペイン人の手紙に、上杉景勝《かげかつ》（謙信の甥で次代の上杉家当主）のおばが金山経営で儲けている、という記述があることから、このおばが謙信なのではないかと推測している。

では、仮に謙信が女だったとして、わざわざ性別を偽ったのはなぜか？　それは、江戸時代に女性城主がタブー化していたからだという。

立花誾千代《たちばなぎんちよ》のように、戦国時代は女性が当主になることはあったが、江戸時代には禁止され、女城主は処罰対象となった。家康と敵対していた上杉家にとって、過去の話とはいえ女性当主がいたことが知られるのは都合が悪い、ということで、謙信の性別は改変されたのだという。

これを裏付ける同時代の史料はなく、**歴史学者からは史料の読み方が甘く実証的ではないと批判されている**が、直虎男説と同じく、話としては魅力的だ。両者の性別は男か女か。想像を膨らませるのも面白い。

7 天下布武で織田信長が全国支配を目指したというのはウソ

通説

戦国の世に旋風を巻き起こした風雲児・織田信長。1560年、桶狭間の戦いで今川義元に勝利して一躍全国に名を轟かせると、その後も敵対勢力を次々と討ち果たしていく。「天下布武《てんかふぶ》」をスローガンに日本の統一を目指し、1573年には、自らが擁立した室町幕府15代将軍・足利義昭《よしあき》を京から追放。無論、これらの行動は、日本全土を掌中に収める「天下統一」を見据えての行動であった。

真相

実は、当初に信長が目指したのは、日本の統一ではなかったという指摘がある。勢力を拡大した晩年はともかく、「天下布武」を標榜した頃の信長は、日本の統一までは考えていなかった。**信長が天下布武によって目指したのは、畿内の平定**だった可能性が高いのだ。

現在とは異なる「天下」の意味

織田信長といえば、「天下布武」の印がよく知られている。日本全国に武を布いて治める、という意味でとらえられることが多い。美濃を攻略した1567年11月には、すでにこの印が使用されていた。覇業の野心が表れた、信長らしい言葉である。

ところが近年、この見方に疑問を投げかける説が話題になっている。

確かに信長は、天下布武を標榜した。だが、

織田信長は美濃攻略ののち、「天下布武」の印を書状に捺すようになった（長興寺所蔵）

「天下」の意味が当時と現在では異なるのである。現在の感覚でいえば、天下といえば日本全域をイメージするが、戦国期の「天下」はもっと小規模。地域を指す場合、「畿内」という意味で使われていた。つまり、当時の常識からすれば、**政治の中枢である京周辺を治める者こそが、日本のまとめ役**だとみなされていたのだ。

そして意外にも、**信長はそのまとめ役を室町幕府の将軍が担うべきだと考えていた**ようだ。それは、信長が記した書状にはっきりと書いてある。もちろん、自身が上洛するための建前だったのかもしれない。だが、史料に基づけば、信長が天下布武によって目指したのは、「畿内の平和維持のため、室町幕府による支配秩序の再構築を図ること」だったと考えるほうが、自然なのである。

そもそも信長が天下布武の印を用いるのは、美濃を治めていた斎藤氏を滅ぼした後のこと。当時、信長の支配領域は尾張と美濃の二カ国に過ぎなかった。天下が日本全土を意味するなら、国内の全大名に宣戦布告を行ったのも同然である。余計な敵をつくらない信長にしては、思慮に欠ける行為だ。

信長に全国支配の野心が芽生えたのは、義昭を京から追放した頃からだと考えられる。だが、単に野心が芽生えたからではなく、義昭が畿内の支配を託すのに相応しくない人物だと信長が判断したため追放された、という見方もある。

実際、信長は義昭に意見書を突き付けてその行いを糾弾していた。義昭が備蓄米を勝手に売却したことや、他国から献上された金銀を隠したことなど、項目は17条に及ぶ。

上洛後の戦いにしても、全国支配が目的ではなかった可能性がある。たとえば武田氏に痛手を与えた長篠の戦いに、信長は当初乗り気ではなかった。同盟相手の徳川家康が再三支援を要請したために、出兵したに過ぎない。毛利氏との戦いも、境界紛争だったのではないかという見方がある。信長の目的が畿内の平和維持であれば、それらの行動にも説明がつく。

天下が日本全域を指すようになったのは、**信長のあとに畿内をおさえて天下人となった豊臣秀吉・徳川家康が、日本全国を統一した**からである。信長の頃より範囲はグッと広くなったが、言葉自体は同じ。そのため後世になると、日本の統一を示すようになったのである。

8 豊臣秀吉が温和な人たらしというのはウソ

通説

陽気で、気配りができる人たらしともいわれる豊臣秀吉。織田信長と違って乱暴な手段を好まず、敵すら味方に付けながら出世を重ねた武将として知られる。信長の草履を懐に入れて温めたというエピソードは、その人柄をよく表している。

そんな温厚な秀吉の周囲には、優秀な人材が次々と集まっていった。晩年は口出しする者を容赦しなかったものの、それでも死ぬまでは、徳川家康さえも一目置く人物であり、人情味にあふれた性格だった。

真相

秀吉を温和で陽気な性格だと考えるのは、江戸時代以降の軍記物の影響が大きい。実際には、天下統一後はもちろん、若い頃から自らの意思で敵対勢力を虐殺・拷問。織田家の家臣時代にも、信長の命令に関係なく残酷な手段を多用していたのである。

秀吉の隠された性質

天下人豊臣秀吉（逸翁美術館所蔵）

大河ドラマなどの影響で温厚な人懐っこいイメージを持たれやすい秀吉だが、残忍なエピソードも数多い。有名なのは、天下統一後に起きた「秀次《ひでつぐ》事件」だ。

事件が起こった時期、秀吉は大名を朝鮮へ派遣して軍事侵攻を進めていたが、明国と朝鮮側の反撃で苦境に立たされていた。逆に威厳を高めつつあったのが、秀吉から関白職を譲られていた甥の豊臣秀次である。

秀次は、子がいなかった秀吉の後継者として関白職に就いていたが、１５９３年に秀吉の子秀頼《ひでより》が生まれたことで、その立場は一転する。秀吉から警戒心を持たれて謀反の疑いをかけられ、切腹へと追い込まれたのだ。

しかし、秀吉はそれだけでは満足しなかった。秀次の妻子や親族までもが京都の三条河原で処刑され、39人分の死体が放り込まれた場所には「畜生塚」が建てられた。そのうえ秀次を擁護した武将すら、打ち首や追放に処されてしまった。

残虐な仕打ちはこれだけではない。１５８９年には、豊臣家を批判する落書きが聚楽《じゅらく》第《てい》の壁にされたことに激怒して、警備体制の不備を理由に17人の門番を死罪にしたとされる。一説には、犯人が潜むとされた町で60人以上の民衆が殺されたともいわれる。

そうした残忍な行為は天下統一後だけ、と思うかもしれないが、秀吉は**生涯を通じて同じようなことをしていた**。もちろん、戦国の世では、復讐を防ぐために男子を殺すことはよくあった。しかし秀吉は、世継ぎとなる男子だけでなく、女性まで惨殺することがあったのだ。

たとえば、１５７７年から始まった毛利領侵攻において、上月城《こうづきじょう》を攻め落としたときのことである。このとき、秀吉は女子どもを処刑して、２００人以上の死体を国境沿いに並べたのだ。信長はこのような命令を下していないため、秀吉が自分の意思で行った可能性が高い。**この虐殺は創作ではなく、秀吉自身が書いた書状にもみえる、確かな記**

録である。

さらに1573年には、浅井長政の母親である阿古を両手の指を切り落とす拷問にかけた。しかも、1日に1本ずつ切断して何日も恐怖を煽りながら殺害するという残忍ぶり。阿古の処刑は信長の命令ではあったが、なぶり殺しにしろとまでは言われていなかった。

この他にも、秀吉の残虐性を示すエピソードは枚挙にいとまがない。江戸時代には、そうした秀吉にまつわる残忍話が次々と出版物にまとめられていった。阿古のエピソードは信憑性が乏しく、**逸話のなかには明らかな創作もある**が、天下統一後の行いから考えれば、あながち嘘とも思えないから恐ろしい。

命を取るか取られるかの戦国時代。人たらしの太閤さんでも、武将として生き残り、並み居る猛者をまとめていくには、周囲が恐れる激しさも必要だったということだろう。

9 宮本武蔵は巌流島の戦いで強さを示したというのはウソ

通説

巌流島《がんりゅうじま》の決闘は、日本史に残る名勝負の一つである。対決したのは、修行中だった宮本武蔵と、細川家に仕える剣豪・佐々木小次郎だ。二刀流の武蔵と、長刀を操る小次郎の決闘。勝負は意外な形で決まった。遅刻した武蔵に小次郎は冷静さをなくし、木刀を脳天に受けて死亡したのだ。この勝利によって武蔵は最強の剣豪としての名声を獲得し、細川家に召抱えられることになったのである。

真相

結論からいえば、**現在伝わる巌流島の戦いは、ほとんどがフィクション**。武蔵の死後に書かれた書物や歌舞伎の影響で決闘は知られるようになったが、それらの大半のエピソードは、後世の創作である。

実際には、武蔵は時間通り巌流島にやってきたし、小次郎が通説のような美青年だったことを示す史料はない。それどころか、小次郎を死に追いやったのも、武蔵本人ではなかった可能性があるのだ。

巌流島の戦いを描いた浮世絵（歌川国芳「岸柳島報讐図」部分）

一対一ではなかった決闘

巌流島の戦いは、歌舞伎や浄瑠璃において、江戸庶民に大変人気のあるテーマだった。そうしたエンタメ要素を現代によみがえらせたのが、歴史作家の吉川英治だ。武蔵と小次郎の鬼気迫る戦いぶりに、熱狂した読者も少なくないだろう。

しかし、それらが実話を再現しているかといえば、そうではなかった。史料をいくつか見てみると、決闘の内容が全く違うのである。

一番古い史料は、武蔵の養子伊織が17世紀半ばに作ったという「小倉碑文《こくらひぶん》」だ。決闘の核は遅刻した武蔵に小次郎が激怒した、という点だが、「小倉碑文」にそんなことは記されていない。両者は同時に到着したという。

また、1700年代に兵法家の立花峯均《たちばなみねひら》がまとめた武蔵の伝記には、先に島へ到着したのは小次郎ではなく武蔵で、細川藩の立会人や決闘を聞きつけた見物人が、大勢殺到していたという。これでは、現在伝わるエピソードと全く異なってしまう。

それでは、武蔵が遅刻した話の出典はどこか？　それは、18世紀後半に兵法家である豊田景英がまとめた『二天記《にてんき》』である。だが、時代が下りすぎていて、どうしても信憑性に欠ける。

さらに困るのが、小次郎の年齢である。美青年として描かれることが多いが、史料によって年齢はバラバラ。18歳の青年として記録するものもあるが、下手をすると**小次郎は60代の老人だった**可能性まであり、人物像に謎が多いのだ。

しかも、驚くべきことに、**史料によっては小次郎を殺したのは武蔵ではなく、武蔵の**

弟子たちだったと記されている。その史料が、1672年に細川藩家老・沼田延元《のぶもと》の記録をまとめた『沼田家記《ぬまたけき》』だ。

『沼田家記』によれば、巌流島の戦いは、**武蔵と小次郎双方の弟子の口論が始まり**だという。決闘は一対一で行うことに決まったが、武蔵は事前に数人の弟子を島に潜ませていた。そして、武蔵が小次郎を気絶させると、意識を取り戻した小次郎を、**弟子たちが集団でなぶり殺しにした**というのである。武蔵が細川藩の客将になったのも、小次郎の弟子たちに命を狙われたからだという。

『沼田家記』は沼田家の家伝としてまとめられているため、武蔵を贔屓する理由はなく、いわば第三者の視点で書かれている。創作性の強い後世の史料と比べると、信憑性は高いといえる。とはいえ、『沼田家記』も武蔵の死後60年以上が経ってから書かれたものなので、内容を疑問視する声も少なくない。

果たして巌流島での決闘は、どのような戦いだったのか。研究者の間でも意見はわかれているが、世間で知られる形とは異なる推移で進んだことは、確かである。

10 犬将軍綱吉は暗君だったというのはウソ

通説

江戸時代最悪の法令ともいわれる「生類憐みの令」。これを制定したのが、5代将軍・徳川綱吉だ。僧侶のアドバイスで作られたとされ、過剰な動物保護政策は人々を苦しめた。犬を傷つければ死罪になり、それどころか、ノミやシラミを駆除するだけで裁かれる民衆が後を絶たなかった。綱吉の死後、法令は撤廃されたが、綱吉は現在でも「犬将軍」と呼ばれ、江戸時代の暗君との汚名を着せられている。

真相

実は、生類憐みの令はよくいわれるような過激な法ではなく、**人間も対象にした社会保護法だった**ことがわかっている。綱吉は決して暗君ではなく、儒教や仏教の教えに基づく「慈悲の社会」を目指していた。そのため現在では、社会福祉を推進して戦国の風習を一掃した人物として、再評価されつつあるのだ。

桂昌院（左／長谷寺所蔵）と徳川綱吉（右／徳川美術館所蔵）

改革者としての徳川綱吉

犬将軍と揶揄される綱吉だが、実際は**儒教や仏教の学問を好む勤勉な人物**だった。

母の桂昌院《けいしょういん》をはじめ、多数の儒学者の教えを受けて勉学に目覚めると、病床でも書物を離さず、将軍就任後も学者の討論や講義によく足を運んだという。将軍には珍しく、自ら講義を開くこともあったようだ。

問題の生類憐みの令だが、確かに、犬殺しで死罪になった者や、釣りをして処罰された者がいたことは事実である。悪法と呼ぶべき部分はあった。

だが、実際に摘発された人物はまれで、地方では必ずしも徹底されていなかった。それに近年では、保護対象は動物だけでなく、人間も含まれていたことがわかっている。つまり、生類憐みの令の目的は、**社会福祉の実現**だったのである。

そもそも、なぜこんな法令ができたのか？　もちろん、綱吉が犬好きだからという単純な理由ではない。法令の成立には、当時の社会情勢が関係していた。

綱吉が将軍になった1680年当時は、血で血を洗う戦国の風習が色濃く残っていた時代。人命を軽んじる傾向が強かった。3代将軍の徳川家光は、若き日に一般人を辻斬りしてもお咎めがなかったという逸話も残っているぐらいだ。民衆の間でも、宿泊中の旅人が病を理由に宿から追い出された他、困窮や障害などを理由に、捨て子や子殺しが頻繁にあった。

このような空気を一掃したのが、綱吉の政策だった。

綱吉は、宿が病人を叩き出すことを禁じると同時に、**捨て子や子殺しを別法で禁止**した。特に捨て子の禁止令は、3度も繰り返し施行されるほどの徹底ぶり。1696年の夏には、町村内にいる妊産婦と3歳以下の子供を記録しておくよう全国に命じている。

幼児は「七つまでは神のうち」と言われて戸籍にすら載らない時代だったため、この政策はまさに画期的だった。

さらに綱吉は、獄中の生活環境の改善にも着手。全国の役所に浮浪者への食糧支援と宿泊所の設置を命じるなど、現在の福祉政策に通じる方針を多数生み出したのである。冒頭で紹介した通り、生類憐みの令に関する法令は綱吉の死後に廃止されたが、捨て子対策のような人間を対象とした法は違った。後の政権にも継承され、その結果、**戦国の殺伐とした空気は一掃された**のである。

また、幕府機構の整備にも、綱吉は一役買った。財政を司る勘定奉行の下に、事務作業を監査する「勘定吟味役《かんじょうぎんみやく》」を設置。試験制を採用して家柄に関係なく人材を取り入れ、組織力を強化しようとしたわけだ。

もちろん、貨幣政策の失敗、野犬収容所の増設に伴う増税などの失策もあるので、綱吉を手放しに評価することはできない。しかしその功績を考慮すれば、通説のような無能な暗君ではなかったといっていいだろう。

11 徳川吉宗が名君だったというのはウソ

通説

「暴れん坊将軍」として知られる8代将軍の徳川吉宗《よしむね》は、江戸時代屈指の名君と謳われている。

将軍就任後は、幕府の財政を安定させるために財政改革を実施し、緊縮政策で赤字財政の立て直しに成功。これが世にいう「享保《きょうほう》の改革」である。その功績から、現在でも多くの歴史ファンから人気を集めている。

真相

吉宗は幕府財政を改善した一方、民衆へ過度に節約を強制したことにより、**民間の経済は余計に冷え込んだ**。農村部も無理な開墾と重税に苦しみ、一揆が増加。そのため庶民から見た吉宗は、決して名君ではなかったのである。

享保の改革の功罪

享保の改革を一言で表せば、**「倹約の徹底」による緊縮財政政策**だ。

徳川吉宗（徳川記念財団所蔵）

遠因は、長く続くインフレ状態にあった。インフレの原因は、綱吉の時代に公共投資が行われ、さらには貨幣の流通量が増えたことにある。6代家宣《いえのぶ》、7代家《いえ》継《つぐ》のときにデフレ政策が実行されたが、両将軍が早世したこともあって経済の安定にはいたらず、幕府の財政は悪化してしまう。

そうした財政危機のなかで将軍に就任した吉宗は、これを乗り切るには、家康時代の質素な生活に戻るしかないと考えた。そのために、徹底した緊縮財政を敷いたのである。

吉宗はまず、支出を見直した。同時に、参勤交代の期間短縮を見返りに石高1万石に対して100石を幕府に提出する「上げ米令《あげまいれい》」を、全国の大名に発布。家臣と庶民には豪華な服装や食事を禁止し、吉宗も率先して質素に生活して、部下の模範となった。

しかし、大きな問題が起きた。それは、**庶民の生活が、改革を境に悪化した**ことである。吉宗は、改革の一環として新田開発を行ったが、開発可能な土地は、家継の代までに開墾され尽くしていた。残っていたのは、開発不可能とされた土地、または理由あって放置された土地である。薪と肥料の調達場所まで田畑にされたことで、かえって生活が困窮した村もあったという。

また、**幕府が年貢の徴収量を増やすために徴収方法を変更した**ことも、庶民にとっては痛手だった。収穫高に比した「検見法《けみほう》」から、比率を一定にした「定免法《じょうめんほう》」に変更し、凶作の場合に実施していた減免制が廃止されたのだ。幕府の財政は潤ったものの、農村部へのダメージは大きかった。

こうなると、民衆の不満は否が応にもくすぶっていく。さらに、畑の租税増加や河川敷の土地課税の実施もあいまって、吉宗に対する反発は強まった。その結果が一揆の増加だ。1700年代初頭には約40件だった一揆が、吉宗の時代には最大80件を超えたほどである。

しかも問題は、農村だけにとどまらなかった。都市部では、徴収量の急増によって米の価格が暴落し、経済が低迷。その対策として、吉宗は大坂堂島に米市場を公認して米価の調整を図ったが、武士に有利なように米価を操作したため逆に高騰してしまう。「享保の飢饉」と呼ばれる凶作の影響もあって、米相場は不安定なままだった。

さらに、遊郭や芝居を禁止して倹約を強制し、出版物を規制したことも、庶民にとっては不満の種だった。**吉宗の政策は幕府には有益であった一方、庶民の生活を不安定にしてしまった**のである。

吉宗は引退後もある意味で悪影響を残してしまう。享保の改革はのちの幕政改革の手本となり、幕府は質素倹約で民衆を締め付けるようになったのである。

幕府財政を健全化した名君。そんな風に評価されていても、庶民の立場からすれば、窮屈な生活を強いられて、迷惑だったのかもしれない。

■吉宗の在職期間（1716～1745年）の米価の変動

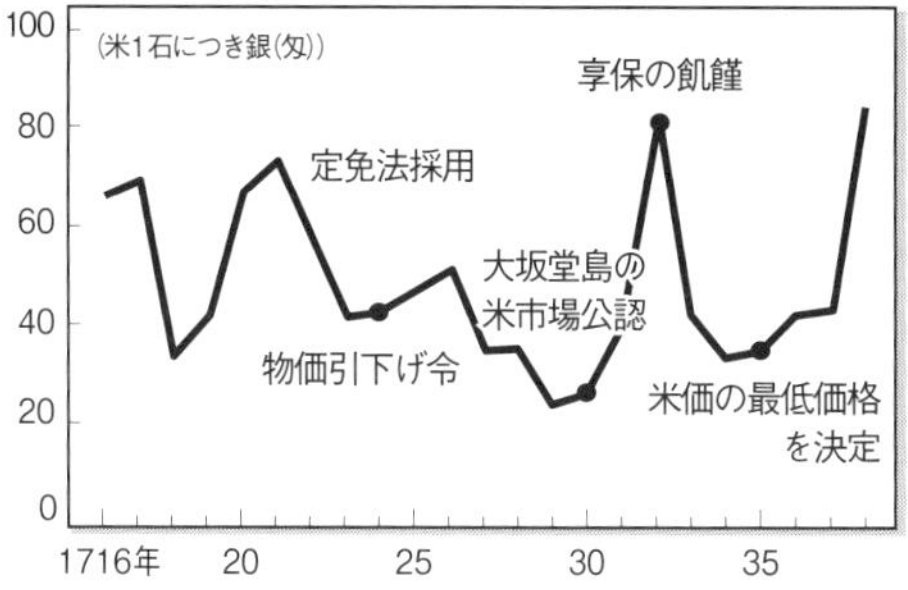

12 井伊直弼は開国論者だったというのはウソ

通説

1854年、アメリカ海軍のペリー提督によって、日本は開国した。その後に日本へやってきたアメリカ総領事ハリスは、日本との通商を求めて幕府と交渉を開始する。

これにいち早く反応したのが、彦根藩主で大老の井伊直弼《いいなおすけ》だ。開国論者だった直弼は、幕府内の反対意見を押し切ると、1858年、天皇の意向を無視して日米修好通商条約に調印。強引な手段は尊攘派大名や武士たちの反発を招いた。直弼は反対派を容赦なく弾圧したが、かえって反発が強くなり、結果として、桜田門で暗殺されてしまうのであった。

真相

開国論者とみなされることの多い井伊直弼だが、実際には**アメリカとの条約に否定的**だった。条約調印に慎重な意見を述べていたが、幕府内が開国路線で固まってしまったので、やむなく調印したのである。むしろ、開国するにしろ天皇の勅許を得てからにすべきだと、開国に前向きな周囲にくぎを刺していたほどだった。

井伊直弼が襲撃されて命を落とした桜田門外の変（国会図書館所蔵）

慎重派の直弼

アメリカの圧力に屈して天皇の許可なく開国した大罪人。井伊直弼にはそんなイメージがつきまとう。

しかし、冒頭で紹介した通り、直弼は開国に慎重だった。それは、直弼が**「国学《こくがく》」の価値観に基づく保守的な人物だった**からだ。

国学とは、『古事記』や『日本書紀』などを通じ、日本古来の精神を見出す学問である。江戸時代後期、権威が弱まりつつあった幕府への反発もあり、儒学に対抗する学問として国学者たちが広めた。その結果、幕末になると、当時の武士の教養として国学は普及。直弼もこの国学の影響を受けて、天皇を尊び、国土を神聖なものととらえていた。

そんな直弼が開国に同意したのはなぜか？　それは、**大老就任時にはすでに、幕府の方針が開国路線で固まっていた**からだ。

よく、幕府がアメリカに圧されて開国に踏み切ったといわれるが、それは少し違う。幕府は清国を侵略中だったイギリスへの警戒から、アメリカとの交渉に前向きだったのだ。

それに、開国に積極的だったのは、幕府だけではない。通商条約の締結について、幕府は諸大名から意見を聞くことにした。すると、**大半の大名が開国に賛成**し、交渉は条約締結を前提として進むようになったのである。直弼が大老に就任したのは、そうした雰囲気ができたあとのことだった。

こんな状況でも直弼は、条約を結ぶにしても、天皇の勅許を待つべきだという慎重な立場を取った。それでも、若年寄の本多忠徳《ただのり》を除いて全員が反対。結局、幕府の独断締結が容認された。

もちろん、幕府は孝明《こうめい》天皇に勅許を求めていたが、締結反対派の天皇は一向に動こうとはしない。それならアメリカが痺れを切らす前に条約を締結しようということになり、6月に日米修好通商条約は結ばれたのである。

その後の展開は、よく知られている通りだ。幕府の対応に激怒した孝明天皇が、幕府の責任追及と攘夷遂行を求める密勅を複数の藩に発布すると、この動きを察知した直弼が、密勅に関係した人物の処罰を開始。攘夷論者を弾圧し、公家も自首させる形で処分した。有名な「安政の大獄」である。

しかしここにも一つ、誤解がある。確かに、直弼の処分は過酷だったが、目的は開国論者の弾圧ではなく、朝廷への報復だ。**朝廷は、自分たちのいいなりになる将軍を選ぶよう水戸藩などに圧力をかけた**。こうした勢力を抑え込むために、苛烈な処罰が実施されたのである。

とはいえ、そんな事情は攘夷派には関係のないこと。井伊憎しという思いは、維新の志士なら誰もが共有していた。西郷隆盛にいたっては、井伊の一周忌に大久保利通にあてて、「うれしすぎて朝から晩まで飲みすぎた」という旨の手紙を送っているほど。こうして死後は悪評だけが一人歩きし、「井伊直弼は開国の強硬な推進者」というイメージが定着していったのである。

13 西郷隆盛が配下に優しい人格者というのはウソ

通説

薩摩藩の下級武士の子として生まれながら、卓越した政治力で明治維新を実現した西郷隆盛。豪放磊落《ごうほうらいらく》な性格で配下の士卒から慕われる一方、会津戦争で新政府軍に敗れた庄内藩《しょうないはん》（現山形県）に温情を示すなど、仁愛に富んだ人物として知られている。明治新政府の重鎮となった後も「児孫のために美田を買わず」と質素な暮らしを続け、その高潔な人柄は、いまなお多くの人々から愛されている。

真相

親分肌で清廉なイメージがある西郷だが、実際は**偏狭な性格で、人の好き嫌いが激しかった**という。配下を平気で切り捨てたり、陰謀を巡らせ破壊活動を主導したりするなど、冷酷な面も持ち合わせていたのだ。

西郷隆盛（左）と薩摩藩のトップにあった島津久光（右）。久光が記録させた書物に、西郷から田舎者扱いされたと記されている

薩摩のトップを罵った西郷

西郷隆盛といえば、清濁併せ呑む豪傑という印象が強い。しかし、自分と相容れない人間に対しては、徹底的に憎悪する性分であったともいわれている。

たとえば、後に大阪商工会議所の初代会頭となる同郷の五代友厚《ごだいともあつ》。大阪商業界発展のため、私財を投入して新事業に次々と挑戦した人物だが、西郷は彼を「利で動く人間」と非難している。

また、西郷は自分を取り立ててくれた藩主・島津斉彬《なりあきら》を「お天道様のような人」と敬ったが、次代忠義《ただよし》の父であり、事実上の権力者である久光に対しては、斉彬より器量が劣ると見て蔑視していたという。そのため両者はしばしば衝突し、西郷は久光を「地ゴロ（田舎者）」とまで罵ったと伝えられている。主君に対しても悪感情を隠さない西郷を、同じ薩摩藩士の大久保利通は**「激情家」**と評している。

そして西郷は、倒幕のためなら手段を選ばない謀略家でもあった。

1867年10月、徳川慶喜を筆頭とする幕府勢力に対し、西郷は配下の浪士に江戸の攪乱工作を命じる。そこには佐幕派を挑発して、戦端を開かせる狙いがあった。だが、浪士たちが行ったのは**略奪や放火、強盗など無法極まりない蛮行で、無関係な江戸の住民を恐怖に陥れる**ことになる。

やがて西郷の思惑通り佐幕派は報復措置として薩摩藩邸を砲撃。これが「江戸薩摩藩邸の焼討事件」であり、この事件が戊辰戦争の遠因となった。

西郷の陰謀はこれだけではない。西郷は天皇崇拝者で、明治天皇からの信任が厚かったとされる。ところがその反面、西郷は皇室の信頼を裏切る行為をしているのだ。

大政奉還が行われる前、西郷は大久保や岩倉具視《ともみ》らとともに朝廷に接触し、「徳川慶喜を誅殺せよ」という討幕令、いわゆる「討幕の密勅」を出させている。しかし現在では、この密勅は天皇自身の署名がないことなどから、偽の勅書と見られている。つまり、西郷らは新政権でトップに据えるはずの天皇をも利用し、欺いていたのである。

さらに西郷は敵のみならず、**配下にも冷酷**だった。戊辰戦争が勃発した1868年1月、西郷は旧幕府軍攻撃の先遣隊として赤報隊《せきほうたい》を組織。西郷の指示のもと各地で「新政府は年貢を半減する」と宣伝し、民心の掌握に奔走する。だが、年貢半減の実現が財政的に困難とわかると、西郷は公約を撤回。そればかりか年貢半減は赤報隊が勝手に触れ回ったものとして彼らを追討、処刑したのだ。

狡猾なことに、西郷は年貢半減の宣伝を口頭で指示したものの、証拠となる文書は残していない。赤報隊には軍令違反の疑いもあったため、彼らが一概に悪くないとは言えないが、どさくさに紛れて年貢半減の責任を押し付けるなど、西郷のやり口は抜け目ない。

目的達成のためには、裏切りや破壊工作も厭わなかった西郷。そこに人々から親しまれる「西郷どん」の面影は見られない。その強引な手腕からは、「策謀に長けた冷血漢」という姿も、垣間見えるのである。

14 「板垣死すとも自由は死せず」という名言はウソ

通説

歴史上の偉人に、名言はつきものだ。たとえば、自由民権運動の推進者だった板垣退助《いたがきたいすけ》は、暴漢に刺殺されかけた際、このような言葉を残している。

「板垣死すとも自由は死せず」

まさに自由への信念が凝縮された名言である。板垣がこのとき本当に命を落とすことはなかったが、自由を求める人々に与えた影響は大きい。

真相

残念ながら、「板垣死すとも自由は死せず」という名言は、板垣のものではない。**暴漢を取り押さえた秘書が言ったか、新聞各社による脚色**である。

同じように、他の偉人が口にしたという名言にも、後世の作り話や違う人物の言葉だと判明しているものが、多数ある。

板垣退助が襲撃された岐阜事件を描いた錦絵。右端で堂々としているのが板垣（アジア歴史資料センター提供／国立公文書館所蔵）

名言の真実

1882年4月6日。この日、自由党党首の板垣退助は岐阜にいた。国会開設を求める演説をするためだ。その板垣が、中教院で演説を終えたときである。反自由党派の小学校教諭・相原尚褧《しょうけい》が、板垣の胸に短刀を二度突き刺した。このとき板垣の口から出たのが、「板垣死すとも自由は死せず」という発言だ。

その後、秘書の内藤魯一《ろいち》が暴漢を取り押さえたことで、板垣は九死に一生を得た。そしてこの2日後、新聞で事件が報じられ、板垣の発言もあわせて登場。これが自由党党首らしい名言として評価され、自由民権派を励ますこととなった。

しかし、刺された直後にそんなことを言えるのか、というもっともな疑問から史料が見直されて、現在ではいくつか説がわかれている。なかでも有力なのが、**板垣ではなく、秘書の内藤が発言したという説だ**。それを裏付けるかのように、板垣は回顧録で発言についでは全く触れず、それどころか**「驚いて声がでなかった」**と記している。

また、警察報告書に基づけば、板垣自身が発言した可能性もあるものの、内容が報告書によって微妙に異なっている。血まみれになった板垣が立ち上がって「吾死スルトモ自由ハ死セン」と発言したという報告がある一方、岐阜の警部長が県令に提出した報告書によれば、板垣が刺客に対して、自分が死んでも「自由ハ永世不滅ナルベキ」と笑った、という。**事件当時は混乱していたようなので、板垣が何か発したとしても、正確にどのように発言したのかは、わからないのが現状**だ。

なお、東京日日新聞も、「諸君嘆ずるなかれ、板垣死すとも日本の自由は滅せざるなり」と報じているが、これは続報に記されていたもので、信憑性には欠ける。

発言内容が固まったのは、おそらくジャーナリストの小室信介の影響だ。小室は事件後、岐阜において、「板垣死ストモ自由は死セズ」という題で演説をしていた。この題が広がって板垣発言として定着したと考えられる。

なお、相原が釈放後に板垣を訪ねて謝罪すると、板垣は快く罪を許したという。さすがに偉人というべきか。

このような名言に関する誤解は、板垣だけではない。たとえば、明智光秀が織田信長に謀反を起こしたときに発言したことで知られる「**敵は本能寺にあり**」もその一つ。同時代の史料ではなく、**江戸時代の歴史小説が初出**だ。同じく、徳川家康の「人の一生は重荷を負うて遠き道をゆくがごとし」も、出処は江戸時代中期から後期にかけての書物である。

人が偉人について調べるときは、一定のイメージを持って見ることが多い。調べた史料に偉人が言いそうな言葉や魅力的なエピソードが載っていれば、そのまま信じることもある。大河ドラマで何度も見かける偉人でも、その実像は、案外地味で目立たない、ということも、あるのかもしれない。

15 犬養毅が平和主義者だったというのはウソ

通説

五・一五事件で殺された犬養毅《いぬかいつよし》は、民主的で平和を重んじる総理大臣だった。立憲政《りっけんせい》友会《ゆうかい》（政友会）の総裁として普通選挙の確立に貢献し、1931年9月に満州事変が起こると、それを収拾すべく、中国方面の軍事行動を終わらせるよう活躍。しかし、この平和主義的な態度が軍部の反感を招き、犬養は総理就任から約半年後に暗殺されてしまう。そんな最期を迎えても、犬養は襲撃者に「話せばわかる」と対話の姿勢を崩さなかったという。

真相

犬養が単なる平和主義者ではないことは、彼の政治活動を追えばすぐにわかる。政党政治の浸透に一役買いはしたものの、やはりそこは政治家。野党時代は、与党を煽情的に批判することもあった。

とくに、ロンドン海軍軍縮会議の結果を統帥権の干犯だとして批判したことは、のちの政治の在り方に、大きな影響を与えた。**軍人と結託して与党を攻撃した結果、軍部の暴走と政治介入が加速した**のである。

統帥権を干犯したとして政府を批判した立憲政友会の犬養毅(国会図書館所蔵)

軍部独走の引き金を引く

犬養毅というと、五・一五事件で殺された人、というイメージしかないかもしれない。実は若い頃に慶應義塾で福沢諭吉から指導を受け、西南戦争で従軍記者を務めるなど、活動的な人物だった。

政界入り後に犬養が目指したのは、護憲運

動の定着である。大隈重信の立憲改進党に入党したのち、少数政党を率いて少数派の立場から藩閥政治を批判し、護憲運動の担い手となっていく。その活動は民衆から支持を集め、第1回衆議院議員総選挙から18回連続当選という記録を打ち立て、引退しようとしても有権者が勝手に立候補させるなど現代では想像ができないほどの人気を博した。そして、1929年、少数政党の限界を感じた犬養は、政友会総裁に就任したのである。

こうしてみると、政治家の鏡のような存在だが、**総裁就任の翌年、大失敗を犯してしまう**。当時は、立憲民政党を与党とする濱口雄幸《はまぐちおさち》が政権を担っていた。この濱口内閣が世界的な海軍軍縮を目指した**ロンドン海軍軍縮条約**に調印すると、犬養は「統帥権の干犯」だとして猛反発したのである。

統帥権とは、軍を指揮監督する権限のこと。大日本帝国憲法においては、天皇だけに許された大権である。犬養は、政府が天皇もしくは軍部の承認を得ないまま条約を締結したことに対し、統帥権を犯したとして非難したのである。

しかし、軍縮反対に統帥権を持ち出したのは、最大の悪手だった。軍部が統帥権の利用価値に気づき、満州事変以降は、政治家からの批判を統帥権の干犯だとして押しのけていったのだ。

しかも、犬養は総裁就任時に軍縮を唱えていたが、濱口内閣による軍縮条約調印に反対するためにこれを撤回。まさに、犬養と政友会の安易な統帥権批判が、軍部独走を加速させたのだ。

犬養が内閣の方針を批判したのは、**党内から突き上げがあった**から。政友会には右翼系議員や軍部とつながりの深い党員が少なからずいたし、政権交代を目指して**与党攻撃の材料**を探す幹部が少なくなかった。そうした党をまとめるために、犬養は軍寄りの態度を示し、軍縮反対に転換したのだと考えられている。

それに、もしも濱口内閣が瓦解すれば、次に政権を担うのは野党第一党の政友会である。そうなれば、首相に就任するのは政友会総裁の犬養だ。犬養毅に権力欲が芽生えたとしても、不思議ではない。

その後、民政党政権を経て犬養は総理大臣に就任。中国要人との人脈を活かして、大陸方面における軍事活動の解決を図ろうとした。だが、軍部からは軍縮派とみなされて恨みを買い、五・一五事件で海軍の銃弾に倒れた。しかも、国民が同情したのは、犬養ではなく襲撃者である青年将校たち。憲政の神様と謳われた犬養でも、晩年には民衆の気持ちを汲み取ることができなくなっていたのである。

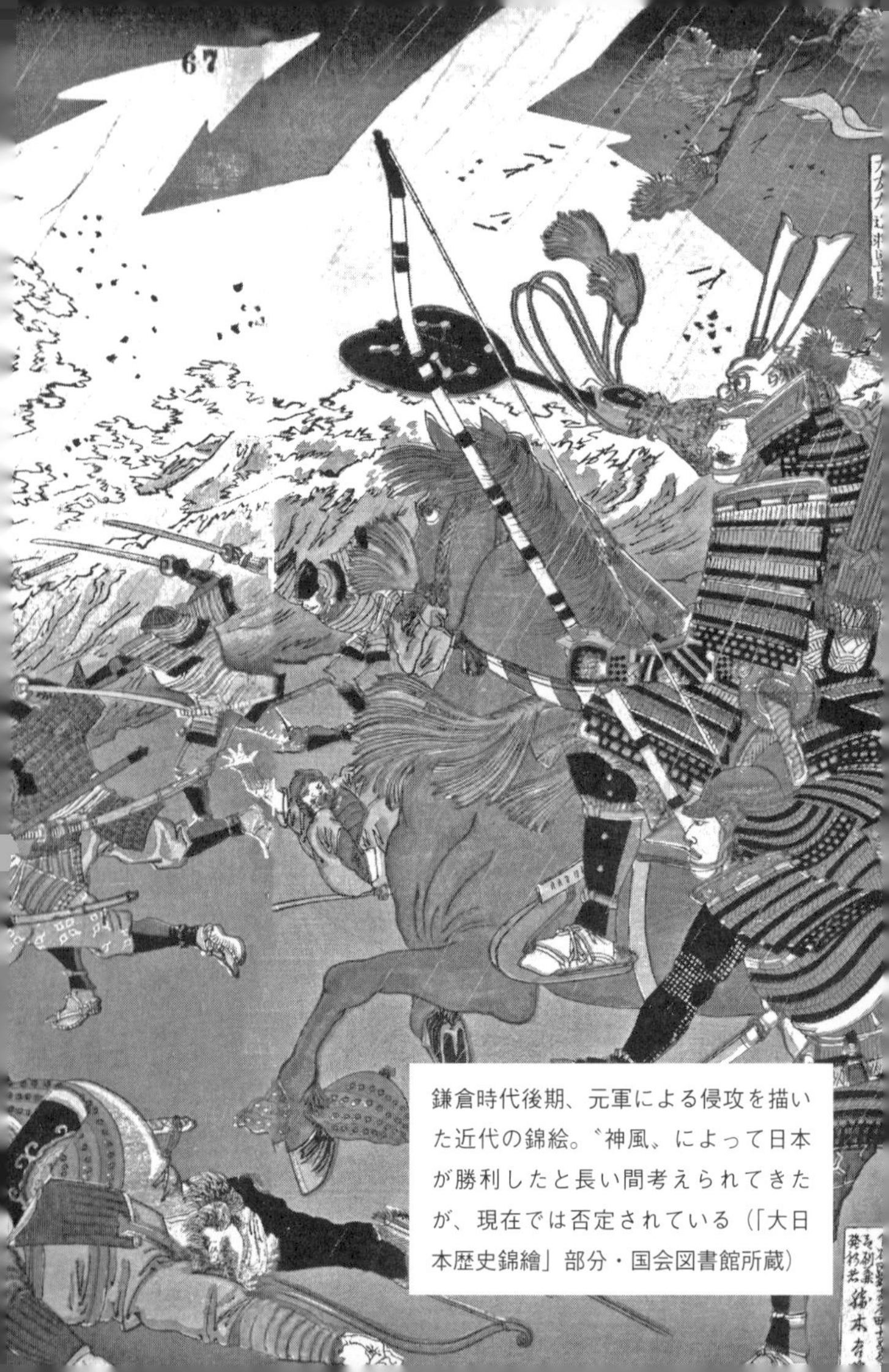

鎌倉時代後期、元軍による侵攻を描いた近代の錦絵。〝神風〟によって日本が勝利したと長い間考えられてきたが、現在では否定されている（「大日本歴史錦繪」部分・国会図書館所蔵）

第二章

事件にまつわるウソ

歴史を変えた事件の舞台裏

16 元軍が神風で撤退したというのはウソ

通説

ユーラシア大陸を席巻していたモンゴル軍による日本侵攻が、いわゆる元寇《げんこう》である。その勝敗に影響を与えたのは、台風だった。

見慣れぬ兵器や集団戦法を駆使する元軍に、鎌倉幕府の御家人《ごけにん》たちは苦戦したが、元軍は夜間に発生した台風で船団を沈められて撤退。数年後に再び侵攻するも、またもや台風の被害を受けて退散する。一度目の文永《ぶんえい》の役《えき》、二度目の弘安《こうあん》の役とともに、幕府は台風に救われたのだ。この奇跡の台風は「神風《かみかぜ》」と呼ばれた。そしてこれをきっかけに、日本は神に守られた神国だという意識が、日本に芽生えることにもなったのである。

真相

元寇の際、神風によって元軍が撤退したと長い間考えられてきたが、近年では、幕府の勝因は別にあったと考えるのが、歴史学界の主流になっている。

弘安の役では台風の被害が限定的だったという見方が出ており、文永の役にいたっては、**台風が発生していない可能性さえある**のだ。

元軍襲来を描いた「蒙古襲来絵詞（部分）」（宮内庁所蔵）。1274年と1281年の二度にわたって元軍は襲来したが、二度とも目的を達成できずに撤退している。

台風撤退話の幻想

よく、元軍が撤退したのは伊勢神宮から神風が吹いたからだといわれる。実際、当時の武士や貴族はそれが真実だと思い、伊勢神宮への参詣・奉納を盛んに行った。現在でも、伊勢神宮の内宮には、神風が吹いたといわれる風日祈宮《かざひのみのみや》が位置している。

伊勢神宮への参詣が増えたのは、それだけ元の軍勢が圧倒的な兵力を誇っていたからに他ならない。当時の様子を伝える史料には、約4万人の兵と大小900隻の大船団を日本へ送り込んだ元が、対馬、壱岐を瞬く間に占拠したとある。その勢いにのって博多に上陸した元軍に、幕府軍は惨敗した。そんな危機的状況下の幕府軍を救ったのが神風だと信じられてきたのだから、伊勢神宮には感謝してもしきれなかっただろう。折しも、**伊勢神宮では僧侶による元軍調伏の祈祷が盛んに行われていたため、その成果が実ったと信じられた**。

しかし、台風が襲来したと伝わる旧暦10月19日前後は、新暦でいえば11月後半に当たる時期。**季節的に、台風が上陸する可能性は低い**。暴風雨が発生した可能性はあるが、元軍を撤退に追い込むほどの大規模な災害ではなかったと考えられている。

その証拠に、神風が吹いたとされる日以降も、戦いは続いていた。むしろ元軍が撤退したのは、幕府軍の善戦によるものである。実は九州の御家人は、博多西部の赤坂や鳥《とり》飼潟《かいがた》周辺で元軍を食い止めていた。暴風雨の影響もあるかもしれないが、**元軍が撤退したのは、御家人による抵抗が強く、目的の太宰府占領が困難だと判断したから**だと考えていい。

もう一方の弘安の役で台風が来たのは事実だ。再度襲来した元軍は総勢15万人を超え、

4000隻以上の大船団を形成していたが、閏7月1日に、台風で大損害を被っている。とはいえ、戦闘は7日まで続いているので、台風が原因で元が撤退したわけではない。

文永の役後、鎌倉幕府が元軍の再攻撃に備えて博多沿岸に石塁を築かせたことは有名だが、戦闘においても工夫を凝らした。弓矢主体の攻撃や奇襲戦法を用いて、元軍を苦しめたのである。

兵力差についても、元軍は半数が水夫や非戦闘員だったため、日本との差はそれほどなかったという。むしろ、当時は今と比べて、航海技術が未発達の時代。長期間遠征による疲労や病に悩まされた兵士もいたと考えられる。台風に耐えられないような老朽船も多く、**元軍の備えは万全とはいえない状態**だった。博多湾と鷹島《たかしま》における戦いは、多数の死傷者が出る激戦となったが、全体としてみれば、**仮に台風がなくとも、日本が勝っていた**のではないだろうか。

ただ、このような研究成果が歴史教科書に反映されるには時間がかかる。一部の教科書では新説を紹介することもあるが、学界内で定説として定着しなければ、本文にはならないはずだ。すぐにというのは難しいが、数年先の教科書改訂では、元寇に関する記述が大きく変わっているかもしれない。

17 信長が比叡山を全焼させたというのはウソ

通説

織田信長が行った残虐行為のなかで、最も大規模だったのが、比叡山延暦寺《ひえいざんえんりゃくじ》の焼討ちである。自分に従わない延暦寺に苛立った信長は、1571年9月12日、延暦寺に火をかけた。山を丸ごと焼き払ったばかりか、僧侶や女子どもすらひとり残らず殺害。犠牲者数は諸説あるが、4000人は下らないとされる。まさに、信長の残虐性が如実に表れた事件といえる。

真相

信長が比叡山を攻撃したのは事実だが、問題はその規模。**近代以降の発掘調査では、比叡山に虐殺の痕跡は発見されなかった。**そのため現在では、信長による比叡山の焼討ちは、**山を全焼するほど大規模なものではなかった**と見られている。

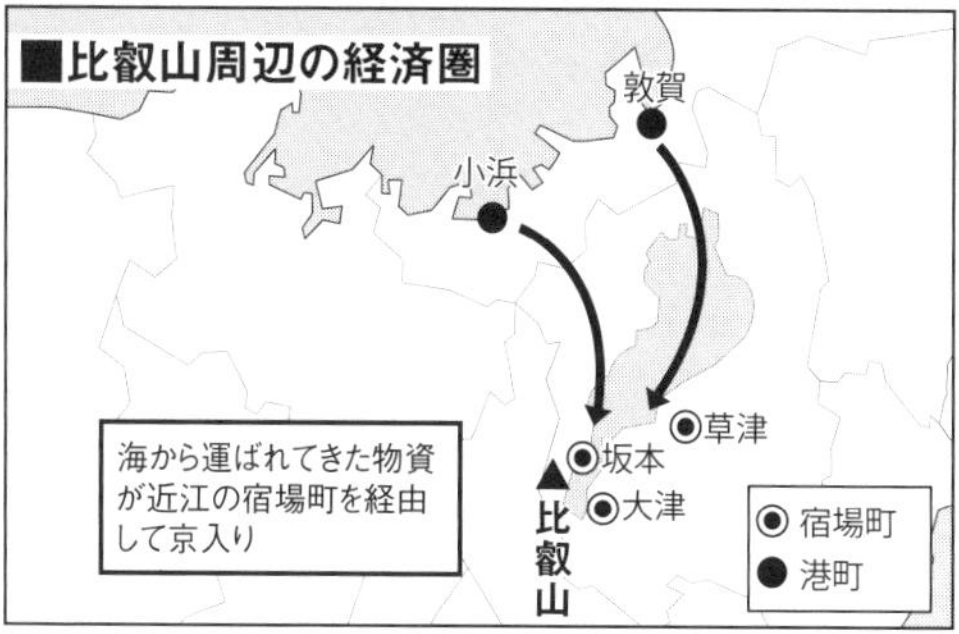

誇張された焼討ちの真実

寺を焼く、と聞くとずいぶん物騒な印象を受けるが、戦国時代の寺院と今の寺院は、性格が全く違っていた。当時の寺院は、独自の軍と領土を持つ、武装勢力でもあったのだ。

すでに平安時代の頃から、寺院の世界は世俗化が進み、大寺院は積極的に土地経営に取り組んでいた。そして戦国時代には都市経済に影響を与える寺院も登場。その経済力を武器に、戦国大名に匹敵するほどの大勢力となっていた。

なかでも群を抜いていたのが、比叡山延暦寺だ。**数千人もの僧兵と城壁のような砦を備え、寺というより軍事拠点**として機能していた。当時の物流拠点だった琵琶湖周辺に独自の商業圏を築いたことで、その経済力は圧倒的だった。

その影響力は大名や天皇ですら制御しきれないほどで、大名を支援して邪魔者を排除することもあった。信長と敵対していた浅井・朝倉家も、比叡山から支援を受けていた大名たちである。近畿の一大経済圏に陣取り、敵勢力を援助する。信長からすれば、焼討ちしてでも屈服させたい相手だったのである。

だからといって、山全体が燃えつくされるような攻撃だったわけではない。大正から昭和中期にかけて、比叡山の発掘調査が幾度か実施されたのだが、**虐殺の痕跡は見つかっていない**のだ。地層調査においても、焼失の跡は通説よりも小さく、人骨や遺品も発掘されなかった。

たしかに、比叡山焼討ちを記す史料も、多くは江戸時代初期の文献か伝聞をまとめた日記で、記述には食い違いが多い。これらのことから、信長は通説のような大規模な虐殺はしなかった可能性が高い。

そもそも、信長が比叡山と対立していたこの時期には、比叡山上に根本中堂などはすでに残っていなかった。現在では焼討ちは比叡山山上ではなく、延暦寺のもとで発展した商業都市・坂本や、比叡山の麓にあたる八王子山など、別の場所だったと考えられるようになっている。

比叡山焼討ちが大虐殺として広まったその理由は、**タブーを犯した**からだろう。当時、寺社は現代以上に神聖で不可侵な領域とみなされ、武力攻撃などもってのほかだった。信長による比叡山焼討ちに際しても、家臣の佐久間信盛をはじめ、反対意見が続出していたぐらいだ。

にもかかわらず、信長はこのタブーをやぶった。規模は関係ない。やってはいけないことをやったという驚きが、世間を包んだ。朝廷の女官ですら「筆にもつくしかたき事なり」と『御湯殿上日記《おゆどののうえのにっき》』にしたためているほど。つまり、タブーを犯した衝撃から、事実が誇張して広まってしまい、それらが講談や書物の世界で面白おかしくとりあげられたのである。東大寺を戦《いくさ》で焼いた松永久秀が稀代の大悪党と恐れられたのと、同じ経緯だ。

それほどまでに、当時の人々は神仏に対する畏敬の念が強かった。神仏をも恐れぬ信長に、人々は恐怖したのである。

18 光秀が私怨で信長を討ったというのはウソ

通説

明智光秀の謀反によって、天下統一を目前にしながら命を落とした織田信長。戦国の世を一変させた「本能寺の変」の原因は、明智光秀の私怨《しえん》だった。

光秀は織田家の重臣だったが、酒宴では家臣団の前で足蹴にされ、要人の接待役を身勝手な理由で外されるなど、裏では信長に手酷い仕打ちを受けていた。そんな仕打ちに我慢が限界に達し、ついには1582年6月、光秀は、京都の本能寺に宿泊中の信長を襲撃するにいたったのである。

真相

光秀が信長から理不尽な仕打ちを受けて恨みを募らせたというエピソードは、江戸時代の創作である。酒宴での暴力は作り話で、接待役を解除されたのは新しい任務を命じられたからだった。

動機や事件にいたる背景には不明な点も多いが、**光秀による単独犯行説が有力**だ。ただし、史料が限られていることから、黒幕は他にいたのではないかという説も多い。

本能寺の変を描いた錦絵。右の槍をつきつけられているのが信長

幕府復興が目的？

気に入らないからと信長から罵倒され、殴られ、仕事を解任される。こうした恨みが募ったことで、光秀は突発的に信長を殺した――。しかし、そうした仕打ちの多くは、**江戸時代以降の創作**である。

光秀が謀反を起こした理由は、別にあったと考えたほうがいい。

それでは本能寺の変が起きた理由は何なのだろう？　説得力があるのは、「**光秀野望説**」だ。冷静沈着なイメージがある光秀も、戦国武将である以上、野心は当然持っていたはず。信長に成り代わろうと機会を窺っていたとしても、不思議ではない、というわけだ。

とはいえ、決定的な史料があるわけではないため、他にも多くの説が提唱されている。近年では、四国の長宗我部元親《ちょうそかべもとちか》との取次役であった光秀が、信長による四国征伐を回避しようとしたとする「**四国説**」が有名で、支持を集めている。

四国説以前には、光秀の背後に黒幕がいたのではという説も、次々と提唱された。信長と緊張関係にあった朝廷や、徳川家康、豊臣秀吉といった武将、さらには町民である千利休が黒幕候補だが、いずれも根拠は薄い。なかには、「四国征伐を準備する織田軍をマカオ侵略と誤認したイエズス会宣教師が爆薬を投げ込んで殺害した」という「イエズス会黒幕説」もあるが、論拠が甘く珍説扱いされている。

研究者が提示した黒幕説で話題になったのは、**足利義昭黒幕説**だ。いまのところ四国説などを背景とした光秀単独犯説が有力視されているものの、２０１７年9月にはある手紙の原本が見つかり、義昭黒幕説は再びメディアで話題になった。

手紙を発見したのは、三重大学の藤田達生教授だ。見つかったのは、岐阜県美濃加茂市民ミュージアム所蔵の書状で、本能寺の変から10日後のもの。反信長派の土橋重治《つちばししげはる》から送られた手紙の返書だという。そこには、**室町幕府15代将軍・足利義昭の京都帰還に協力する旨が書かれていた。**

信長に仕える以前、光秀は義昭の家臣だった。信長上洛の調整役として織田家入りして両者に仕えていたが、次第に幕府を見限るようになり、ついに織田家家中の一員になった。義昭黒幕説はこの光秀の過去に注目し、「幕府再興のために義昭が光秀へ信長殺害を命じた」という内容である。光秀が義昭を立てて有力大名を味方に引き入れ、反信長勢力として結束する。そんな図式が想定された。

だが、本能寺の変が起きた頃の義昭は、単独で事を起こせる状況になかった。織田家と交戦中の毛利家に亡命しており、有力大名を動員できるほどの力はなかったとみられる。毛利家が義昭に協力した証拠もない。光秀自身が義昭との関係を強化していた節もないため、おそらく光秀は土橋の要請を受けるまで、義昭と協力関係を結ぶことには消極的だったのだろう。

19 島原の乱はキリシタン蜂起がきっかけというのはウソ

通説

島原の乱といえば、江戸時代初期におけるキリシタンの大規模反乱だ。島原藩（現長崎県島原市）はキリスト教が盛んな地域だったが、藩主の松倉氏は過度の弾圧でキリシタンを苦しめていた。そこでキリシタンたちは1637年10月、「神の子」天草四郎時貞《あまくさしろうときさだ》をリーダーとして蜂起。農民と共に島原の原城《はらじょう》を約3万7000人の軍勢が占拠した。こうして、幕府との熾烈《しれつ》な戦いが始まったが、およそ4カ月にわたる死闘の末、反乱に参加したキリシタン勢は、全滅した。

真相

島原の乱のきっかけをつくったのは、キリシタンではない。一揆後にキリシタンの訴えが注目されたのは事実だが、反乱のきっかけは、**重税に苦しむ農民たちの蜂起**だった。

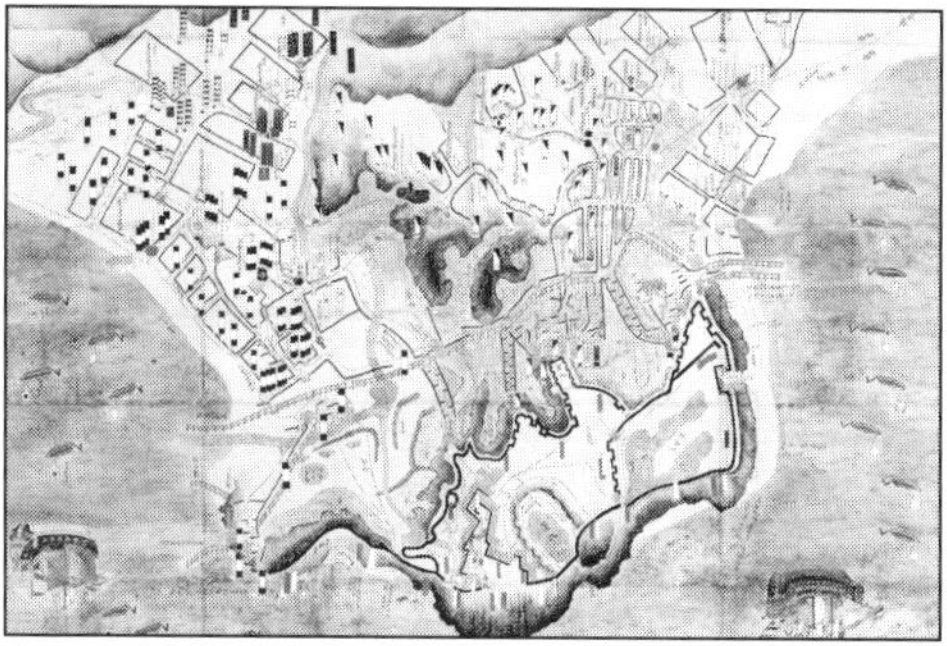

島原の一揆勢が占拠した原城（「島原城攻撃図」東京国立博物館所蔵／出典：ColBase）

島原藩主の圧政と暴走

島原の乱は、その名の通り島原という、長崎県の南東部で起こった反乱だ。領主有馬《ありま》氏がキリスト教を信仰していたことから、戦国時代には布教が許され、教会や神学校が建設されて領民にもキリシタンが多かった。

このキリシタンたちが、江戸幕府のキリスト教禁止令に反対することを目的に蜂起した――。島原の乱の原因を、そんな風に覚えている人は多いのではないだろうか。

しかし、実は島原の乱のきっかけをつくったのは、キリシタンではなかった。確かに、江戸時代に有馬氏に代わって島原に入った松倉氏は、キリシタンを弾圧した。松倉氏の取り締まりは過激で、拷問・処刑も厭わなかったという。改宗を拒み続けて殉教するキリシタンは少なくなく、布教熱心な一部の信者は寺を焼き、キリスト教化を拒んだ仏教徒には、村に火を放って脅すという事件も起きている。

だが、注目すべきなのは、**キリシタンが組織的には蜂起せず、大規模な抵抗を示さなかった**という点だ。武力蜂起は殉教の精神に反する行為だととらえられ、キリシタンには忌避されていたのだ。

では、反乱の首謀者は誰か？　それは農民たちである。

反乱が起きる3年前から、島原では記録的な不作が続いていた。しかし藩主の松倉氏は、貿易制限による収入悪化などを理由に、領民に配慮せずに重税を課す。この過酷な取り立てによって妻を拷問で殺害された口之津村（現南島原市）の与三左衛門が、重税に苦しむ他の農民たちと結託した。異論もあるが、これが島原の乱の発端といわれている。これに便乗して他地域の農民が蜂起すると、元キリシタンが次々とキリスト教信仰に立ち戻った。こうして島原の乱は、宗教戦争としての面でも注目されるようになったのである。

また、忘れてはいけないのが、有馬氏の転封にともなって島原に残された**有馬藩の元浪人**の存在だ。この頃は、武士と農民の区分は厳格ではなく、浪人たちは農民として、百姓の中心的な立場に就いていた。この浪人勢が農民に一揆を促して規模を拡大させ、反乱軍は3万7000人の大軍勢に膨れ上がったのである。

こうして蜂起した一揆勢の総大将となったのが、天草四郎時貞だ。わずか16歳で一揆勢の主導者となり、数々の奇跡を起こした神童だと、これまでは伝えられてきた。だが、その実像を示す史料がほとんどなく、素性や生い立ちがわからないので、**天草四郎が実在しなかったという驚きの説を唱える研究者もいる**のだ。

たとえば、熊本大学名誉教授の吉村豊雄氏は、複数の少年で構成されたグループ名だったという「天草四郎複数人説」を唱えている。一揆勢をまとめるために、カリスマ的な指導者を作り上げた可能性は充分にある。

その後、一揆勢は約12万の幕府軍と戦って全滅し、キリシタンは皆殺しにされた、と考えられてきた。戦闘途中の降伏は、許されていないとされてきたからだ。しかし近年の研究で、投降して生き残った農民も少なくなかったことが、複数の史料からわかっている。後世に伝わっているほど、一揆勢は一枚岩ではなかったようだ。

20 忠臣蔵の原因は吉良上野介の嫌がらせというのはウソ

通説

忠臣蔵《ちゅうしんぐら》の発端は、浅野内匠頭《あさのたくみのかみ》に対する吉良上野介《きらこうずけのすけ》の嫌がらせにあった。吉良は旗本ではあったものの、足利家の血を引く名家で、大名に礼儀作法を教える格式高い家柄だった。そんな吉良が赤穂《あこう》藩主・浅野内匠頭に賄賂を要求すると、真面目な性格の浅野はそれを拒否。すると吉良は、浅野に嫌がらせを繰り返し、浅野の自尊心を傷つけた。そして１７０１年、ついに内匠頭の我慢は限界に達し、江戸城松之大廊下《まつのおおろうか》において、吉良を刀で斬りつけたのである。

真相

吉良が内匠頭に嫌がらせをしたとする話は、歌舞伎や講談で作られた創作である。**吉良が悪かったから浅野が斬りつけたという証拠はない**。原因はいまも不明である。

むしろ、浅野内匠頭は癇癪持ちの性格だったという記録があり、些細なことにも、すぐにカッとなっていたようだ。吉良から不手際を叱られた浅野が、逆恨みで刃傷事件を起こしたと考えることもできるのである。

葛飾北斎が描いた赤穂浪士の討ち入り場面（「北斎仮名手本忠臣蔵」国会図書館所蔵）

脚色された忠臣蔵

討ち入りがあった12月14日頃になると、「忠臣蔵」がテレビでよく取り上げられる。浅野内匠頭が吉良上野介に侮辱されて怒りに震える、というシーンはおなじみだ。

なぜ浅野が侮辱されたのか、といえば、饗応役の指南役である吉良上野介に、賄賂を贈らなかったから。それ以降嫌がらせを受け、ついには嘘の作法を教えられて、浅野内匠頭は大恥をかいてしまう。こうしてメンツを潰された内匠頭の怒りは頂点に達し、刃傷沙汰に発展してしまった、というのが、忠臣蔵のストーリーだ。

しかし、これはあくまで「忠臣蔵」という芝居のフィクション。浅野内匠頭が吉良上野介に斬りかかったことは史実通りだが、その原因はわかっていないのだ。

まず、浅野が吉良から嫌がらせを受けていたという話は、史料的な裏付けの乏しい逸話が多い。刃傷事件直後に、「吉良は性格が悪いらしい」「浅野に嫌がらせをしていたようだ」という記録を残した武士はいるものの、あくまで伝聞の話を書いているに過ぎない。現時点では決定打となる史料はなく、**嫌がらせ説は、あくまで噂に基づく推測だと考える研究者が多い**のである。

また、吉良が浅野から賄賂を求めたというのは濡れ衣で、饗応役は指南役に謝礼金を渡すというのが、暗黙の了解だった。名門の家柄であったとはいえ、吉良家は領地が少なく、収入は浅野家をはるかに下回っていた。しかし、大名と接することが仕事である以上、浪費をおさえることはできない。その支出は妻の実家である上杉家が担っていたが、それでも吉良家の借金は多かった。

実際、浅野がそれ以前に饗応役を任された際は、吉良に400両を支払っている。二度目は物価上昇の影響で藩経済が困窮したため、役目のあとに700両を支払おうとしていたようだ。だが、これは当時の習慣としても異例だったようで、浅野は藩の家老から注意を受けたという。

しかし、浅野の性格からすれば、藩の財布事情が厳しいなかで謝礼をせっつかれ、嫌がらせまで受けていたとすれば、刃傷沙汰に発展するのも無理はなかったかもしれない。というのも、**いくつかの史料に浅野は性格が「短慮」だった、と記述**されており、逆恨みでカッとなって刃傷事件に及んだ、と考えることができるからだ。

実際、現場の状況から、浅野が突発的に吉良へ斬りかかったのではという指摘は多い。少なくとも、計画的な行動ではなく浅野の「乱心」が原因なら、吉良が大した処罰を受けなかったことも肯ける。

その後の展開は、よく知られている通りだ。赤穂浪士は不公平な裁きに憤り、翌年12月14日に吉良邸への討ち入りを決行。吉良は死に、赤穂浪士は切腹を言い渡された。これが忠臣蔵として浄瑠璃や歌舞伎の演目として人気を博すと、刃傷事件の原因は吉良にあるとみなされるようになり、通説として定着したのである。

21 黒船来航は予想外の出来事だったというのはウソ

通説

1853年6月3日。日本にとって予想外のことが起きた。浦賀沖に突如として4隻の蒸気船が現れたのである。マシュー・ペリー提督率いるアメリカ艦隊は、その圧倒的な武力を盾に、大統領からの国書の内容を呑むよう幕府に要求。浦賀の一般庶民も、黒船の異様な姿に恐れおののいた。準備不足の幕府は国書を受け取り、翌年2月13日の再来時に開国要求の受け入れを承諾。「日米和親条約」を締結するのである。

真相

実は、**ペリー艦隊の来航を、幕府は他国経由で事前に察知していた。**アメリカの強硬な態度に困惑する者はいたものの、通説のような大混乱にはならなかった。一般庶民も、黒船に恐怖するどころか、逆に興味を持って遠方から見物に来る者も少なくなかった。

1854年に横浜に来航した黒船

日本に接近していた外国船

突然やってきた黒船に驚き、慌てふためく幕府と民衆。しかし、それは後世になってつくられたイメージで、実際には、幕府は二つの情報筋から、ペリーがやってくることを察知していた。

まずは薩摩藩からの情報だ。ペリーは日本来航前の1853年5月26日、琉球王国へと上陸していた。この情報が、琉球との貿易権を得ていた薩摩藩を通じて幕府に報告されていたのである。

1846年に日本へ開国を求めたアメリカ海軍のビッドル

また、ペリーがやってくる1年も前、老中の阿《あ》部《べ》正弘《まさひろ》は、長崎のオランダ商館からペリー艦隊が日本近海に向けて出航したことを告げられ、情報を収集していた。**ペリーの年齢や連れてくる人数まで把握していた**というから、その情報網はばかにできない。

阿部はこの情報を側近と一部の藩主にしか知らせなかったが、密かに江戸湾内の守備強化を命じていた。徳川御三家も情報を掴んでいたというので、上層部には周知の事実だったのだろう。

そもそも、過去の経緯を振り返れば、欧米諸国の通商要求が過激化することは、予想できることだった。実は、**黒船が来航する50年以上前から、欧米諸国が日本を訪れるようになっていた**。すでに1778年の段階で、ロシア船が北海道の厚岸《あっけし》に来航し、通商を要求していたのだ。対応した松前藩はその要求を拒否したが、それ以降、ロシア・イギリス・アメリカ船が日本周辺に現れるようになった。18世紀の産業革命以降、欧米諸国は市場拡大とエネルギー源である鯨油確保のため、太平洋からアジアへと進出していたのだ。

幕府は鎖国を理由に要求を拒否し、江戸湾などの海防強化を諸藩に命じたが、それでも外国船の往来は減らない。むしろ、イギリス船が水戸藩領内に無断上陸するなど、トラブルに巻き込まれることが増えていった。

これに対し、幕府は外国船への攻撃を諸藩に命じたが、1842年にはそれを緩和し、漂着船に食料と燃料を与えて帰国を促した。だが、それでも通商を求める声はやまず、欧米諸国は強硬な手段をとるようになっていく。ペリーがやってくる7年前にも、アメリカ海軍のビッドル提督が軍艦を引き連れて浦賀湾に入港し、通商を求めていた。このときも、幕府は要求を拒否しているが、これまでの経緯を踏まえれば、今後も通商要求を求められることは、容易に想像できただろう。

結果的に、黒船来航を知らされなかった浦賀の役人は驚いたが、**一般庶民には好奇の的になっていた**ようだ。浦賀湾周辺では日本中からの見物人が殺到して、なかには船で接近を試みる者もいたという。江戸町奉行所や老中が見物禁止の達書《たっしがき》を出すほどの熱狂ぶりだった。

こうしたブームが起きている傍らで、幕府はペリーと交渉を重ね、翌年に「日米和親条約」を締結することになる。これによって日本は正式に開港し、尊攘と維新の動きが加速していくことになるのだった。

22 薩長同盟が倒幕目的の同盟というのはウソ

通説

1866年1月、京都の薩摩藩邸において、薩摩藩の西郷隆盛と長州藩の桂小五郎《かつらここごろう》の間で会談が開かれた。かつては戦火を交えた両藩であったが、倒幕のために団結する必要があることを確認し、坂本龍馬立ち会いのもと、同盟が成立。世にいう「薩長同盟」である。ここに倒幕を目的とした軍事同盟が誕生し、明治維新への大きな起爆剤となったのである。

真相

薩長同盟が結ばれたとき、**両藩は幕府を倒そうとまでは考えていなかった。**薩長は軍事同盟を目指したのではなく、長州藩の復権を目指して協力することを確認していたのである。

薩摩藩の小松帯刀（左）と長州藩の桂小五郎（右）。反故にされないかと心配した桂が龍馬に確認の手紙を送ったため、同盟の内容を知ることができる。

薩長同盟の内容と真の討伐対象とは？

一般的に、薩長同盟は薩摩藩と長州藩が武力倒幕のために協力することを決めた同盟だとされている。

だが、実態は少し違う。**薩長同盟は、長州藩の朝敵指定を解除するための取り決め**だった。朝廷とのつながりが深い薩摩藩の協力を得て、長州藩は御家取り潰しの危機から脱しようとしたのである。

実際、条文は、

「長州が幕府と交戦すれば、薩摩は2000人の兵を京坂に送る」
「戦局が長州有利なら、薩摩は朝廷に長州への朝敵指定を解除する工作を行う」
「長州が不利でも、前項の朝廷工作を薩摩は中断しない」
と続く。薩摩が兵を送るとあるが、目的はあくまで朝廷工作。薩摩藩が幕府と武力衝突したとしても、そのまま倒幕運動に発展するほどのものではない。

当時の長州藩は、「八月十八日の政変」で薩摩藩や会津藩などによって京都から追放され、翌年には御所を守る会津藩らを攻撃して返り討ちに遭い、さらには朝敵の烙印を押されて幕府に屈服するなど、崩壊寸前の状態であった。

薩摩は自分たちを京都から追い出した怨敵ではあったが、藩の存亡がかかっている以上、薩摩に頼る以外に生き残る道は残っていなかった。桂が龍馬への書状に「とくとご熟覧をたまわり、かならずかならず御裏書にて御返書願いあげ」と同盟の証人になるよう入念に依願していることからも、長州藩がいかに追い詰められていたかがわかる。

一方、薩摩藩の西郷隆盛も、この段階では倒幕までは考えていなかった。**西郷が構想していたのは、有力諸藩と提携して政治を動かす「雄藩連合政権」**だ。長州藩をつぶしては幕府の力が強くなり、この構想を実現できない。そのため、同盟締結の道を選んだのである。

ただ、いざとなったら武力行使を辞さないことも、両藩は約束している。それが**「橋会桑が要求を拒むなら、その時こそ決戦におよぶ」**という一文だ。

ここに見られる「橋会桑」とは、一橋家の一橋慶喜、会津藩主、桑名藩主の三者を指し、現在では「一会桑政権《いちかいそう》」といわれる。当時はこの一会桑が朝廷を掌握し、武家の処遇などに関する協議を仕切っていた。長州征伐を主導したのも彼らである。

そのため薩長は同盟によって、一会桑に圧力をかけ、朝廷工作を妨害するなら挙兵も辞さないという姿勢で臨むことを約束したのである。これが「決戦」の意味だと考えられる。幕府全体を敵に回すのはリスクが高いが、**一会桑の会津や桑名が相手なら藩同士の戦いになる**ので、薩長側は勝算があると考えたのだろう。

とはいえ、薩長が歩み寄ったことで、第二次長州征伐は長州側が勝利。これを機に、倒幕に向けた動きが加速していく。桂・西郷が予想していたかはわからないが、結果として、薩長同盟は維新期の大きな転換点になったのである。

23

大政奉還は坂本龍馬発案というのはウソ

通説

幕末の英傑・坂本龍馬が成した最大の偉業は、「大政奉還」の基礎を作ったことだ。長崎から京都への船中で、龍馬は後藤象二郎《しょうじろう》に新政府の草案を見せていた。これが、いわゆる「船中八策《せんちゅうはっさく》」である。朝廷への権力返上を目玉とする内容に感銘を受けた後藤は、京都到着後に土佐藩主親子を通じて徳川慶喜に提案。そして、この船中八策を基本として、大政奉還は実施されたのである。

真相

龍馬が船中八策を作った証拠はない。それどころか、原本すら見つからないため、後世の創作である可能性が高い。加えて、**大政奉還以外の功績や本人の経歴にも疑問点が多々あること**から、坂本龍馬は通説のような偉人ではないとするのが、現在の主な見方である。

大政奉還を決断した徳川慶喜（左）と、大政奉還のもとをつくったといわれてきた坂本龍馬（右）

伝記に脚色された坂本龍馬

坂本龍馬の名前が、歴史教科書から消えるかもしれない。

２０１７年11月半ば、そんなニュースが話題になった。暗記重視の歴史教育を見直そうと、高校・大学の教員からなる研究会が教科書に掲載する歴史用語を提言したところ、そこに坂本龍馬の名前がなかったのである。

これには賛否両論が巻き起こったが、歴史の流れを学ぶ、という観点からみれば、龍馬の名前は必須ではないのかもしれない。というのも、近年の研究によって、その功績が本当に龍馬本人のものなのか、疑問視する声が相次いでいるのである。

龍馬の功績でもっとも有名なものといえば、**薩長同盟の仲介**と、**大政奉還の原案づくり**だ。

龍馬が間をとりもったことで、犬猿の仲だった薩長が同盟を結び、龍馬が土佐藩上層部の後藤象二郎に披露した船中八策は、土佐藩前藩主を通じて慶喜の耳に届き、大政奉還を決断させた。それが、これまでの通説だった。

しかし、実際には、同盟の交渉は薩長の藩士のみで行われ、龍馬は数ある調整役のひとりに過ぎなかったことが、現在ではわかっている。むしろ、**仲介に熱心だったのは同じ土佐藩出身の中岡慎太郎**の方で、龍馬がどこまで影響を与えたか、史料からは判断できない。

大政奉還のもとになったといわれる船中八策にしても、原本や写本が見つかっておらず、後世の創作である可能性が指摘されている。異論もあるが、確かな功績だと示す史料は存在しないのだ。

では、実際の龍馬はどのような人物だったのだろう。それは**薩摩藩の裏方**である。

龍馬は西郷隆盛と関係が深く、薩摩藩の意に沿って行動することが多かった。重要会議の段取りや日程を調整し、武器商人のトーマス・グラバーを通じて大量の武器弾薬を薩長軍に用意する。それが龍馬の仕事だった。**歴史的に見れば、薩摩藩の活動の一環**である。そのため、前述の研究会は、歴史の流れを知るうえで、必ずしも触れる必要はないと判断したのだろう。

とはいえ、表立った行動がないとしても、その役割は決して小さいものではなかった。近江屋で暗殺されたのも、用済みとなった龍馬の口封じのために薩摩藩が仕向けたという見方もあるぐらいだ。

それに、龍馬に関する通説の全てが否定されたわけではない。ドラマや小説では、龍馬は北辰一刀流《ほくしんいっとうりょう》を修めた剣の達人として描かれることが多いが、少し前にはそれも疑問視されていた。薙刀《なぎなた》の最初の段位しか発見されなかったため、剣の腕が本当に立つのかはっきりしたことがわかっていなかったのだ。

ところが、2015年、長年の論争に決着がついた。坂本家の子孫が高知県立坂本龍馬記念館に龍馬の免許皆伝書の写しを寄贈したことにより、**優れた剣術家である可能性が高まった**のである。新たな龍馬像ができる一方で、新史料の発見で通説が補強されることもある。こうして歴史的な評価が覆ることも、十分ありうるのだ。

24 昭和の国民が軍部を恐れたというのはウソ

通説

「満州事変」に代表される日本軍の独走は、国民に多大な不安をもたらした。言論統制によって国民生活は監視され、暴走を批判するべき各マスコミも、報道検閲で委縮。軍部を賞賛する記事の執筆を強制された。国全体が軍の圧力のもと、終戦の日まで自由な言論活動ができなかったのである。

真相

昭和初期の国民は、軍部の動きを警戒するどころか、**陸軍の大陸進出を歓迎していた。**

国民は不況を改善できない政府に不信感を募らせ、軍に日本再生の希望を抱いていたからである。そして国民感情をそのように煽ったのが、新聞各社をはじめとしたマスコミ業界だった。

1931年10月、満州での軍事衝突を経て、錦州にまで行軍した日本軍

軍部を賞賛した国民

戦前の日本の問題点として、軍部の暴走を許したことが、よく挙げられる。政治家が軍部をコントロールできず、国民は軍の弾圧を恐れて自由に意思を示すこともできない。そんなイメージが伴いがちだ。

しかし、それは日中戦争や太平洋戦争の時期のことで、昭和初期は実情が違っていた。

むしろ、戦争が始まる前は、日本軍への期待が高まっていたのである。

その一因は、**政治家の対応**にあった。昭和初期の国民は長引く不況に苦しみ、政争に明け暮れて有効な経済対策を打てない政治家に、大きく失望していた。

一方、当時の日本軍は、日清・日露・第一次世界大戦と、設立から負け知らず。大正デモクラシーの時期には米食い虫として嘲笑されることが多かったが、不況が深刻になってくると状況は変わった。政治家の責任を歯切れよく追及する軍人の姿に、国民は注目したのだ。**兵隊の多くが農村の次男三男**だったこともあり、軍が苦しみを一番理解してくれると、庶民は期待するようになった。

そんな国民の期待がよく表れているのが、満州事変である。現在では非難されることの多い満州事変だが、当時の庶民は「大陸進出によって日本経済の流れがよくなる」と期待感を抱いていた。海軍青年将校が政府要人などを殺害した五・一五事件にしても、国民は首謀者たちに同情し、法廷には全国から減刑嘆願状が届いたほどだ。

それだけ政治への不信感が強まっていたわけだが、国民規模で軍部への期待が高まったのには、何よりも**新聞の影響**が大きかった。

テレビやインターネットがある現在とは違って、昭和初期に速報性のあるメディアは新聞ぐらいだった。軍隊の活動は、新聞社からすれば部数を上げる絶好のチャンス。満州地方における関東軍の進撃は、不況で部数が減少傾向にあった新聞各社へ、まさに救いの手を差し伸べたのである。

新聞各社がこぞって日本軍の進出を取り上げると、発行部数は飛躍的に増大した。もちろん国民感情に訴えながら、日本軍の進撃を肯定的に評価したわけだ。

この成功に味をしめた新聞各社はその後、軍の行動をひたすら賞賛する号外競争に明け暮れ、国民の戦意をとにかく煽った。１９３２年の上海事変における報道では、敵陣に突撃して爆死した3人の兵士を「爆弾三勇士」と美談に仕立て上げて一大ブームを巻き起こすなど、軍寄りの報道を続けたのである。

さらに、１９２６年ごろから普及し始めた**ラジオ**も、国民の価値観に大きな影響を与えた。政府の要求を受け、ラジオ局は挙国一致放送という戦意高揚放送を手がけていったのだ。

よく、マスコミは軍の言論統制でやむなく協力したというが、**はじめから軍のいいなりになっていたのではなく、発行媒体の部数や聴取者数を増やすために、進んで軍との一体化を進めていった**のである。

25 二・二六事件が国民を震撼させたというのはウソ

通説

1936年2月26日未明、日本陸軍の皇道派《こうどうは》と呼ばれる将校たちがクーデターを実行した。いわゆる「二・二六事件」である。将校らは「天皇を惑わす不義の重臣を排除すべし」として、蔵相の高橋是清《これきよ》、内大臣の斎藤実《まこと》ら天皇の側近を殺害。さらに約1500名の歩兵連隊を率いて、首相官邸や警視庁など政府関連施設を占拠した。この事態に国民は震撼し、日本列島はパニックに陥ることになったのである。

真相

二・二六事件では戒厳令などの処置はとられたが、首都機能の停滞は一時的なものであった。また、**その後の国民生活にも、事件の影響が見られることは特になかった。**

事件当時もそれ以降も社会は安定していた

クーデターを起こした将兵

政治家は陸軍のいいなりになり、逆らう者は殺される。二・二六事件を境にして、日本は軍部が支配する社会になったと思う方は、少なくないのではないだろうか。

しかし、国民が一様に二・二六事件を恐れていたかといえば、そんなことはない。確かに、事件の翌日から7月18日まで戒厳令は敷かれたが、対象となった地域は反乱の起こった東京のみ。しかも、襲撃を受けて消息不明となった岡田啓介首相（後に無事が判明）の臨時代行に指名された後藤文夫《ふみお》内相は、「陸軍の問題だから、陸軍が収拾すべき」と戒厳令に反対していた。つまり、クーデターを防げなかった陸軍に対し、政府はいいなりになるどころか意見を出していたのだ。

天皇の命令を受け、陸軍は事件の解決に向けてすばやく行動した。戒厳司令部が臨時に設立されると、ラジオ放送で「目下治安は維持できており、一般市民は安堵して各々その業に従事するよう」と何度もアナウンスを実施。そのためか、戒厳令下でありながら皇居周辺を散歩する市民や、**反乱部隊を見物する野次馬の姿も大勢見られた**という。

一方、経済面でも、さほどの混乱はなかったようだ。事件当日、東京証券取引所は取引開始を延期したものの、日本銀行や三井、三菱などの銀行は、通常通り営業をした。また東京市電（現東京都電車）は、半蔵門線や青山線などの3線が運行停止となったが、その他の各線は問題なく運行されていた。

そしてクーデターから4日目の29日午後、反乱軍は無血鎮圧された。なんとこの日の夕方には、東京有楽町の映画館や劇場は興行を再開している。その後も軍と政府によって情報統制が敷かれ、二・二六事件の全容を、国民はのちのちまで知ることができなかった。つまり多くの国民は、**何があったかさえもよくわかっていなかった**のである。

事件後も、社会は比較的安定していた。クーデターを計画した皇道派の将校が処刑されると、陸軍は統制派と呼ばれる派閥が権力を掌握し、組織力が強くなったが、だからといって、治安が悪くなったわけではない。

実際、事件からわずか1カ月後には岐阜県で「躍進日本大博覧会」が開かれて約145万人が来訪。4月に富山県で開催された「日満産業大博覧会」にも、90万人以上が足を運んでいる。さらに7月になると、4年後の東京オリンピックの開催と、「紀元2600年記念」と銘打たれた万国博覧会の誘致も決定（後に両方とも中止）。神武天皇陵のある奈良県では、外国人観光客の到来を見込んだ土産物店が英会話のレッスンに励むなど、陰惨な事件の影響は見られない。

世間がこのように安定していたのは、当時、**日本に経済的にゆとりがあったから**である。1929年に始まった世界恐慌の影響で日本の景気は冷え込んだが、政府が軍事関連や重工業の分野に大規模な財政出動を行なったことが功を奏し、1934年には世界恐慌以前の経済水準に戻っていた。なお、皮肉なことに、その景気回復の立役者となったのが、二・二六事件で暗殺された高橋蔵相であった。

戒厳司令部から隊に戻るよう促され、帰順する兵士

関ヶ原の合戦を描いた屏風絵。予想よりはるかに早い半日で終わったとされてきたが、それより早く終わっていた可能性が指摘されている（関ケ原町歴史民俗資料館所蔵）

第三章

戦争にまつわるウソ

史実からみるリアルな戦い

26 桶狭間の戦いの勝因が奇襲というのはウソ

通説

1560年5月12日、現在の静岡県一帯を支配した今川義元《よしもと》は、上洛のために2万5000人の兵力で進軍を開始。目的は室町幕府の打倒である。しかし、その道中にある尾張国の小大名・織田信長は、織田家の砦が今川軍の攻撃に晒されたことを知ると、わずか2000人の手勢で出撃。豪雨に紛れて本陣を奇襲し、義元を討ち取ったのである。

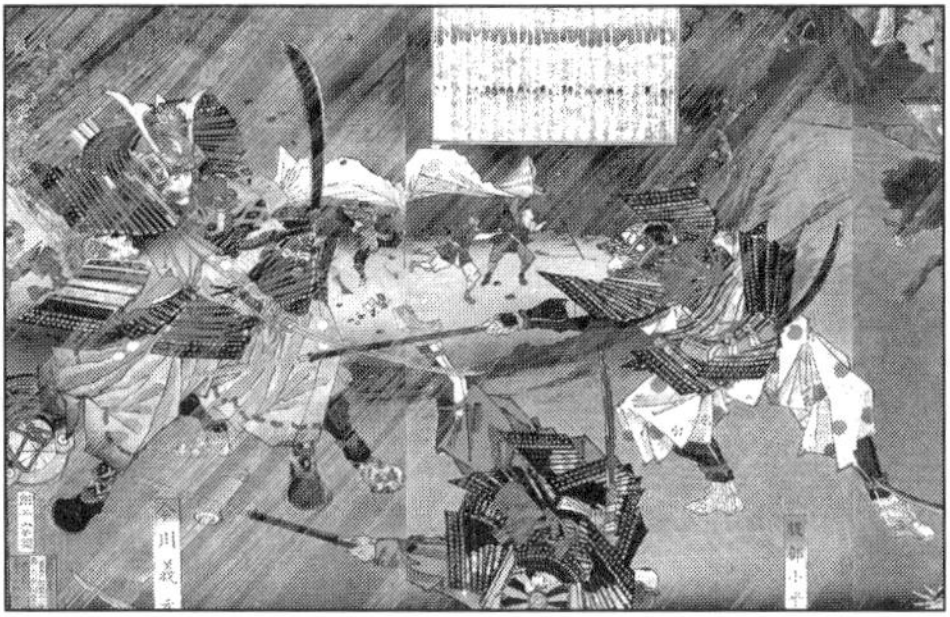

桶狭間の戦いの様子を描いた錦絵

真相

桶狭間の戦いで信長が勝利したのは、織田軍の奇襲が成功したからだとされてきた。だが、史料の裏付けが不十分なことから、この奇襲説には否定的な意見が多い。

現在、桶狭間の戦いの真の勝因と見られているのは、織田軍の正面突撃だ。しかもこれは、義元を倒すために信長が考えた策、というわけではなく、**偶然舞い込んだ勝利だった**のである。

正面戦闘だった桶狭間

通説では、今川義元が上洛して室町幕府を打倒するため、道中にある尾張の織田家を攻撃したことになっている。約2万5000人（4万人以上の説あり）の今川軍に対して、織田の軍勢は約5000人。どう考えても勝ち目はない。

しかし、信長は戦いを決意し、数人の手勢を引き連れて出陣した。善照寺砦《ぜんしょうじとりで》で約2000人の軍を整えると、桶狭間で休息中の今川本陣の側面に回り、大雨に乗じて突撃。突然の奇襲に今川軍は大混乱に陥り、義元は討ち取られた。これが、長年にわたって通説とされてきた奇襲説だ。

しかし、この通説は、1899年に陸軍参謀本部が編纂した書籍が出典で、歴史的に正確かといえば、そうではない。**参考史料の『信長記』は脚色が多く、史料としての信頼性が乏しい**のだ。

現在、桶狭間の戦いの史料として信頼性が高いとされているのは、信長の家臣が記した『信長公記』だ。『信長記』の元ネタにもなった史料である。

『信長公記』によれば、**桶狭間の戦いの勝因は、正面突撃**である。信長が奇襲をしたとは記されていない。信長は、善照寺砦に入ったのちに迂回せず、今川軍に真正面から突撃した。折しも、今川の兵は砦攻略直後で分散し、義元の周辺にいたのは5000人前後。そんなときに織田軍が猛攻をしかけてきたことで、今川兵は慌てた。この混乱に乗じて義元は討たれたと、『信長公記』には記されている。

これだけ聞くと、信長は正面攻撃の成功という劇的な勝利をかざったように思えるが、実際にはもっと泥臭い戦いだったようだ。そもそも、信長は義元本陣を攻撃しようとしたわけではなかった。目的は、先行部隊への攻撃である。つまり、**織田方は義元本陣を先遣部隊だと思って攻撃した**のである。今川方も、まさか本陣を攻撃されるとは思わなかった。いわば、偶然に偶然が重なった末の勝利だったわけだ。

ちなみに、桶狭間の戦いは義元の上洛がきっかけだと考えられてきたが、現在ではこの義元上洛説も同時代の史料がないことから否定され、信長を討伐するために出兵したという新説が注目を集めている。

実は、**織田家と今川家は、長く国境沿いで領地をめぐって小競り合いを続けていた。**周辺に武田や北条といった強敵がいたことで、今川は織田を本格的に攻撃することはできなかったが、１５５４年に武田・北条家と同盟を結び、後方の安全を確保することに成功する。こうして後ろから攻められる心配がなくなった今川は、数年の準備を経て国境紛争解決のために出兵したと、現在は考えられているのだ。

ところが、合戦は不運が重なり織田軍に大敗し、義元も戦死した。跡取りの今川氏真《うじざね》は家中をまとめられず、今川家は滅亡することになったのである。

27 長篠の戦いで鉄砲の三段撃ちが行われたというのはウソ

通説

長篠の合戦は、近代戦の先駆けだった。１５７５年、徳川家の長篠城を攻撃した武田軍を、織田家は馬防柵《ばぼうさく》と３０００梃の鉄砲で迎え撃った。突撃戦術を使う武田騎馬軍団は、織田軍による鉄砲の三段撃ちで次々と敗走。戦いは織田・徳川軍の圧勝に終わる。そして、武田勝頼はその後戦力を立て直すことができず、１５８２年、武田家は滅亡することになった。

真相

長篠の合戦場の地形や足軽の技量、鉄砲の数に注目すると、**鉄砲の三段撃ちは不可能だった**と言わざるを得ない。そもそも武田家の騎馬軍団にしても、現在では存在しなかったことがわかっている。

長篠の戦場に再現された馬防柵

長篠三段撃ちの幻想

3000人の鉄砲持ちが1000人ずつ3列に並び、打ち終えた最前列は最後尾に下がって弾を込める。その間、2列目が前で撃ち、終わったら下がって次の列が撃つ。そうした連続射撃で騎馬軍団を圧倒したというのが、これまでの通説だった。

だが、現実的に考えると、少しおかしいことに気づく。3000もの兵が1000人ずつ銃を抱えて3つの列を作るには、広い土地が必要となる。しかし、決戦地である設楽原を検証すると、**三段撃ちをするには面積が足りない**ことがわかったのだ。

仮に、1000人が横に並ぶことができたとしても、三段撃ちは不可能だっただろう。当時の鉄砲は発射の手順が複雑で、雑に扱うと暴発する危険すらあったため、よほどの達人でなければ、戦場で連続射撃することはできなかったのである。

極めつけは、**鉄砲の数**だ。3000挺という数は後世の誇張で、太田牛一の『信長公記』によると、1000挺ばかりだったという。これでは、三段撃ちは成立しない。

ではなぜ、三段撃ちの神話は長く信じられてきたのだろうか？　その原因は、旧日本陸軍にある。長篠の経緯をまとめるために、陸軍参謀本部は、儒学者で軍学者でもある小瀬甫庵《おぜほあん》の『信長記』を参考とした。前項でも紹介した通り、この史料は『信長公記』に脚色を加えた書物なのだが、陸軍は知ってか知らずか史料の記述を採用し、「3000挺の三段撃ち」説を紹介したのである。

『信長記』に基づく誤解は、これだけではない。なんと、**武田家の騎馬軍団も、甫庵が生んだフィクションの可能性が高い**のである。というのも、戦国の合戦では、騎馬には必ず護衛や世話役が付いていた。さらに、用途は馬上から槍をふるうような戦闘用ではなく、戦場を駆けたり逃げた敵を追いかけたりといった移動用である。騎馬武者だけで編成される部隊があれば、珍しさから史料に残っているはずだが、そんな史料は見当たらない。

では、長篠の戦いが鉄砲隊と騎馬隊の戦いでないのなら、織田方の勝因は何だったのだろう？　それは、圧倒的な兵力と、武田の退路を断つ包囲戦術である。

武田家というと巨大な軍隊をイメージしがちだが、実際の兵力は約1万7000人で、織田徳川連合軍の約3万8000人の半分にも満たなかった。平原が舞台なのにこの兵力差で戦えば、**数の多い織田徳川軍が有利**なのは明らか。加えて、**武田軍は後方の砦を織田軍に占拠されて退路が断たれていた**ため、前に突撃するしかなかった。

ちなみに、長篠の戦いに敗れたといっても、武田家はすぐに滅亡したわけではない。勢力は後退したものの、武田勝頼は大大名として恐れられていた。

しかし、側室の子である勝頼は家臣の信頼が薄く、家中をまとめるのに苦労した。そんななかで、徳川家康に攻撃された高天神城《たかてんじんじょう》を救援せずに落城させたことが、家臣の不信をさらに募らせた。これを機に、織田・徳川の調略で家臣が相次いで離反。信長の根回しで朝敵扱いされると、織田軍の猛攻を受けて武田家は滅亡にいたったのである。

28 信玄・謙信が一騎打ちをしたというのはウソ

通説

武田信玄と上杉謙信が雌雄を決した激闘。それが川中島の合戦だ。複数回行われたが、最も有名なのは1561年に起きた第四次川中島の戦いである。

妻女山《さいじょさん》に布陣する謙信に、「啄木鳥《きつつき》戦法」と呼ばれる奇襲作戦を決行する信玄。しかし、作戦を見破った謙信は逆に信玄を奇襲し、大将同士の一騎打ちが起きるほどの大乱戦となった。軍の総大将が一騎打ちをしたのは、源平合戦以来の出来事だった。

真相

ドラマティックな展開で知られる第四次川中島の戦いだが、**その実態はほとんど不明。**確実な史料がないため、どこまでが史実なのかわかっていない。

信玄と謙信の一騎打ちはもちろん、戦いの発端となった信玄の奇襲戦法を疑問視する声もあり、信玄と謙信が使ったとされる陣形も、川中島の地形から考えると、不自然な点が多いのだ。

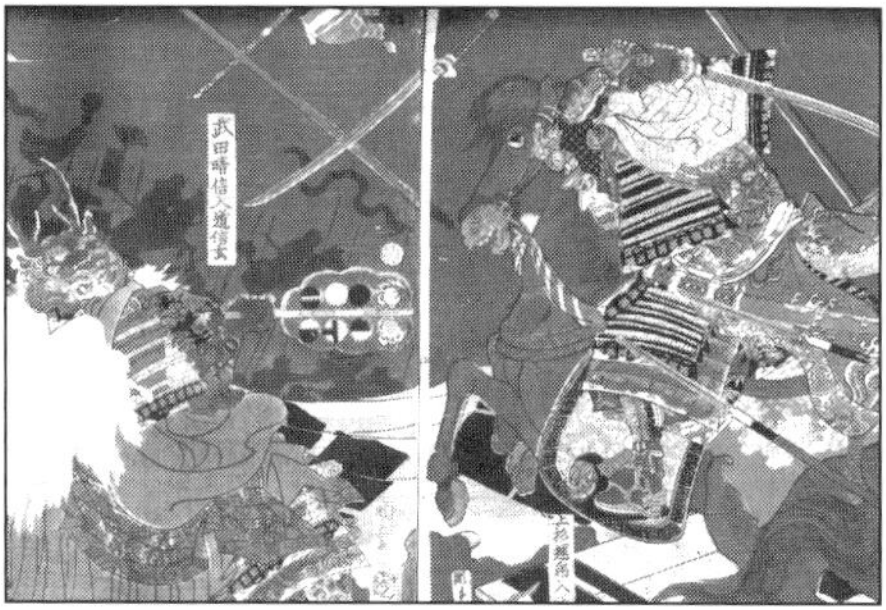

川中島の戦いで武田信玄と上杉謙信が衝突するシーン
（「大日本歴史錦繪」国会図書館所蔵）

川中島の虚構

大河ドラマの「風林火山」をはじめ、川中島の戦いは、数々の映像・文学作品で取り上げられてきた。なかでも、武田信玄と上杉謙信の一騎打ちは有名だ。

だが、実は歴史学の世界では、世間と反応が違っていた。**この合戦自体に信憑性がない**として、長い間相手にされてこなかったのである。

意外なことに、合戦の様子を伝える史料は、**『甲陽軍鑑《こうようぐんかん》』**という江戸時代の兵学書しかない。編纂したのは、武田家家臣小幡氏の末裔・小幡景憲《かげのり》だ。江戸時代には武田家の戦歴や戦法を記録した軍学書として読み継がれてきたが、明治時代になるとその評価は一変する。東京帝国大学の田中義成教授が年代や出来事の誤りを指摘し、偽書説を唱えたのだ。

川中島のエピソードも例外ではなく、多くが否定されてしまった。最たる例が、信玄と謙信の一騎打ちである。そもそも謙信は、上杉家当主にして軍の総大将。総大将は最も安全な最後尾で指揮を執るのが、当時の常識である。乱戦になったとしても、陣頭指揮をしていたとは考え難い。

ただ『甲陽軍艦』では、信玄が一騎打ちをした相手は謙信だと後に人伝手《ひとづて》で聞いた形となっているため、**一騎打ちをしたのは別の武将ではないかという指摘もある**。実際、上杉家に伝わる『上杉家御年譜』には、信玄を上杉家臣・荒川長実《ながざね》が襲ったという記録もある。ただし、一騎討ちがあったのは「御幣川《おんべがわ》の戦い」であると記されているため、川中島で一騎打ちがあったかは定かではない。

創作性が指摘されているエピソードは、まだある。上杉謙信が使ったとされた、**「車**《くるま》

懸《がか》りの陣」もその一つ。部隊が円を描くように波状攻撃をする戦術だが、農民主体の当時の軍では技能的に不可能だと判明している。

同じく、武田の別動隊が上杉本陣を奇襲し、川中島に追い立てた謙信を本隊が迎撃する**「啄木鳥戦法」**も、1万2000人を奇襲に使うというずさんな内容から、後世の創作話だとされている。

ちなみに、この戦術を考えたのは、大河ドラマ「風林火山」の主人公にもなった軍師・山本勘助《かんすけ》だが、『甲陽軍鑑』にしか記述が見えないという理由で、長年実在が疑われていた。しかし、近年は複数の史料から少なくとも、「山本管助」という人物が武田家にいたことはわかっている。

では現在、第四次川中島の戦いはどういった経緯で進んだとされているのだろうか？

確実な史料は乏しいものの、合戦時、川中島には濃霧が発生していたと、複数の史料は記録している。**双方の軍が霧で進軍先を見誤って偶然にも接近し、大乱戦になった**というのだ。その結果、武田軍と上杉軍合わせて2万5000人以上の死傷者を出す大合戦となったのである。もしかしたら、偶然に偶然が重なって信玄が上杉の武将に襲撃されるということも、あったのかもしれない。

29 刀が合戦で役立たなかったというのはウソ

通説

江戸時代には武士の魂とまでいわれるほど大事にされた日本刀。だが、戦国の合戦では、主力兵器として使われることはなかった。なぜなら、当時の合戦は、弓矢や鉄砲の撃ち合いから始まり、決着がつかなければ槍での戦いに移行する形式だったからである。城攻めでも、室内で使われたのは刀ではなく短い槍。日本刀は敵将の首を取るときにしか用いられず、武器としての価値はなきに等しかったのだ。

真相

刀は合戦において、**ここぞというときに使用されていた**。主力武器ではなかったし、使われる場面も限定されていたものの、役に立たなかったわけではない。刀剣専用の武術も編み出されていた、れっきとした武器のひとつだったのである。

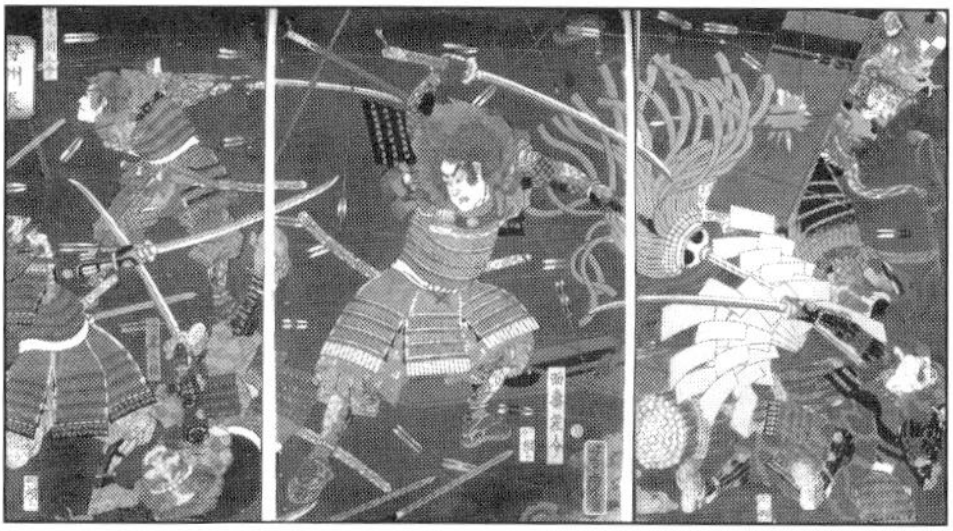

刀をふるう武将が写る錦絵（「大日本歴史錦繪」国会図書館所蔵）

日本刀の真価

戦国モノのドラマや映画では、刀を振るう武将の姿がよく描かれる。刀と刀がぶつかる激しい殺陣《たて》は、観ていて気持ちのいいものだ。しかし、実際の合戦では、主要武器は刀ではなく、弓矢と槍だった。

戦場は常に死と隣り合わせの過酷な環境。いつ命を落とすかわからない。そんな環境で生き残るためには、飛び道具である弓矢や、リーチの長い槍が役に立った。鉄砲や投石が使われることもあったが、まずは弓矢を撃ち合い、それから槍合わせで決着をつけるのが合戦の常識だ。ドラマさながらに武将同士が日本刀で斬り合う場面は、実際の戦場ではおそらく少なかっただろう。

歴史研究家の鈴木眞哉《まさや》氏が２０１点の史料から算出した統計によると、弓矢での負傷率は41・3％、鉄砲傷は19・6％なのに対し、刀傷《かたなきず》は3・8％に過ぎなかったという。ここから、白兵戦が合戦のメジャーではなかった可能性が浮かび上がってくる。これを戦国時代の合戦全体の統計と見るのは厳しいが、負傷率の目安とすることはできる。

それでは、日本刀は合戦で武器として役に立たなかったかといえば、そうではない。**日本刀は、奇襲や乱戦時に「補助兵装」として活用されていた**のだ。

一度戦場に出れば、兵士は何が起こるかわからない環境で、自分の身を守らなければならない。奇襲や夜襲を受けることもあれば、突発的な戦闘に巻き込まれることも少なくなかっただろう。そうした乱戦時の備えとして、日本刀があったという。

実際、乱戦に対応できるよう、合戦用の剣技が考案され、一部が現在に伝わっている。新陰流《しんかげりゅう》や鹿島新當流《かしましんとうりゅう》など、戦国由来の剣術に残る合戦の技は、主に組み技を取り入れ、鎧の隙間に刃を突き刺す技法である。つまり、**刃を交わして斬り合うのではなく、突くことを主戦法としていた**わけだ。そのため刀は切っ先が鋭く、刀身と鍔元《つばもと》は切れ味より頑丈さを重視して作られていた。

　また、多くはないものの、刀の活用例は史料に残っている。『信長公記』は、１５７３年９月の伊勢長島《いせながしま》における一揆鎮圧で、織田信長が偽の降伏勧告で砦から誘き出した一揆勢に銃撃を加えたところ、激怒した70人余りが抜刀突撃で織田軍の包囲を突破したと伝えている。

　大坂夏の陣においても、藤堂家弓兵の加藤権右衛門と松宮大蔵が白兵戦に巻き込まれて刀を使ったという記録が残っている他、島原の乱でも、松倉家の兵が槍の代わりに刀を用いたことが記録されている。室内戦や山岳戦でも、短槍の代用品として刀は使われていたようだ。つまり、刀はリーチの長い槍や飛び道具である弓にはできない、刀ならではの役割を担っていたのである。

　ちなみに、**刀がもっとも活用されたのは、海外での戦いにおいて**。豊臣秀吉が朝鮮半島に攻め入った文禄・慶長の役では、南原城《なんげんじょう》や蔚山城《うるさんじょう》の乱戦で明の騎馬兵が日本刀で撃退された話が多数残っている。

30
関ヶ原の戦いは小早川の裏切りで勝敗が決したというのはウソ

通説

天下分け目の戦いとして有名な関ヶ原の合戦は、兵力では西軍が優勢だった。にもかかわらず東軍に敗北したのは、小早川秀秋《こばやかわひであき》が裏切ったせいである。開戦前に家康にそそのかされた小早川は、開戦初期は躊躇して兵を動かさなかったものの、家康からの強い要請や、東軍が優勢になったこともあり、反旗を翻した。小早川は、約1万5000人の兵を率いて西軍の側面に進撃。その結果、関ヶ原の合戦は東軍の勝利に終わったのである。

真相

実は、小早川秀秋の裏切りは西軍にとって意外なものではなかった。むしろ、**反旗を翻すことは予想されていたため、諸将は奮戦して小早川軍を幾度か撃退していた**。西軍にとって予想外だったのは、小早川以外の武将までもが東軍の調略に応じ、寝返り・不戦に及んだことである。

想定内だった秀秋の裏切り

狸おやじの徳川家康率いる東軍と、官僚肌の石田三成率いる西軍。動員された兵力は、東軍が約7万5000人で、西軍は約8万5000人。これだけ大規模な兵力がぶつかるのであれば、何日も決着がつかずに戦いは長期化すると予想された。

しかし、その戦がわずか半日で終わってしまった。原因と考えられてきたのは、小早川秀秋の裏切りだ。東軍へ寝返るよう家康から話を持ちかけられ

西軍を裏切った小早川秀秋
（高台寺所蔵）

た秀秋は、開戦から4時間後、東軍優勢と見て西軍から寝返った。この秀秋の寝返りをきっかけに西軍は足並みが乱れて敗北した、というのが通説である。

だが意外なことに、秀秋の裏切りは、西軍側にとって予想外の出来事ではなかった。その証拠に、三成と親しい西軍の大谷吉継《おおたによしつぐ》は、謀反を警戒して小早川軍が陣をはる松尾山に幾度か使者を送っている。そして秀秋が東軍につくと、別働隊をもって二度も小早川軍を松尾山に押し返したのである。

それでは、西軍が敗走したのはなぜだろう？　それは、家康の調略が秀秋以外の武将にも及んでいたからだ。

西軍の実質的な大将は三成だが、三成は戦いの正当性を示すために、五大老筆頭の毛《もう》利輝元《りてるもと》を総大将に担いでいた。しかし、輝元は大坂城にとどまり、関ヶ原には毛利家の毛利秀元《ひでもと》と吉川広家《きっかわひろいえ》が参戦していた。実はここにも、**家康の調略をうけた広家の指示があった**のだ。

広家は輝元の家臣だが、毛利元就の血を引く同族で、一族の年長者として発言力が大きかった。家康は、毛利家の領地支配の保証を餌に広家を調略し、不戦を約束させて後方にいる秀元の進軍を妨害させたのだ。

この戦略は、家康からすると大成功だった。東軍が不利な状況になっても、広家が進路をふさいでいたために、毛利の主力は進撃のタイミングを逃してしまったのだ。その結果、東軍は総大将と毛利軍約2万9000人もの兵力を、戦わずに無力化させたのである。

そして裏切りは、これだけでは終わらなかった。家康の調略を受けた脇坂安治《わきざかやすはる》、赤座直保《あかざなおやす》、朽木元綱《くつきもとつな》、小川祐忠《おがわすけただ》の4人が大谷の軍勢を包囲して瞬く間に壊滅させたことで、西軍は総崩れとなったのだ。こうした思わぬ事態の連続によって、西軍は敗走へと追いやられたのである。

ただし、秀秋の裏切りが合戦の流れを変えたとする見方もいまだ根強い。最近ではその論拠として、合戦から2日後の9月17日付けで、徳川家臣ふたりが家康に仕えた松平家乗《いえのり》宛に出した連署状が注目されている。この書状に、**小早川と脇坂らが開戦と同時に西軍を攻撃した**と記されているのだ。

しかし、この仮説が正しいとすると、関ヶ原の戦いは半日ではなくもっと早く終わったことになる。これについては、東軍に見せ場がなければ徳川家の威光に箔がつかない、ということでエピソードが追加されたという意見がある。誰もが知る合戦にそのような真実があるとすれば、話題になること間違いなしだ。

31 鳥羽伏見の戦いの決め手は錦の御旗というのはウソ

通説

鳥羽伏見《とばふしみ》の戦いで新政府軍が幕府軍に勝てたのは、天皇の権威を利用したからだった。幕府軍は新政府軍の3倍以上の兵力を有し、多数の外国製兵器を揃えていたが、薩長は朝廷工作で官軍の証である「錦《にしき》の御旗《みはた》」を得た。この錦の御旗が戦場に翻ると、幕府軍は朝敵になることを恐れて次々に逃亡。兵力で優勢だった幕府軍は崩壊したのである。

鳥羽伏見の戦いを描いた錦絵。発行には幕府の許可が必要だったが、この絵は許可をとらずに発行された（「慶長四年大功記大山崎之図」部分／国会図書館所蔵）

真相

実は、錦の御旗が掲げられる前から、勝敗は決まりかけていた。錦の御旗のせいではなく、**将兵の能力不足と士気の低さによって、幕府軍は敗走した**のである。

幕府軍の内部事情

兵の数だけ見れば、誰もが幕府軍が勝つと思うだろう。薩長は、幕府軍の力をそいで政治の主導権を握ろうと、会津や桑名といった親幕藩を挑発して軍事衝突を誘発しようとしていたが、数では圧倒的に負けていた。１月３日に京都の鳥羽伏見に集った薩長軍は、およそ５０００。それに対し、幕府軍は１万５０００もの兵力を擁していた。そのうち５０００人は大坂城にいる徳川慶喜のもとへと集まっていたが、それでも**兵力差は2倍**もある。にもかかわらず幕府軍が敗れたのは、薩長軍が掲げた「錦の御旗」のせいだと考えられてきた。

錦の御旗とは何か。それは「天皇の軍隊」であることを証明する旗のことだ。当初、朝廷はこの戦いを幕府と薩長の私闘とみなしていたが、大久保利通と岩倉具視の内部工作で方針を転換し、新政府軍を支持して錦の御旗の制作を許可した。こうして朝敵となって大義名分を失った幕府軍の兵士は戦意を失い、指揮官も逃亡する始末だった、というのが通説である。

しかし、錦の御旗が戦場に届いたのは、戦いが始まってから2日後の1月5日。その2日の間、倍の兵力差があるにもかかわらず、幕府軍は苦境に立たされていたのである。なぜ兵力に勝る幕府軍が苦戦することになったのだろうか？　その原因は、**作戦・指揮官・地形**の3つに求められる。

幕府はフランスから最新式の兵器を仕入れていたが、作戦は旧来の密集戦法を好んだ。兵力を特定の地点に密集させる戦法だ。それに対して新政府軍は、部隊ごとに散開して戦う「散兵戦術」を展開。すると、鳥羽と伏見の街道に兵力を集中させた幕府軍は、四方から新政府軍の砲火を浴び、最新兵器を活用できずに撃ち倒されていったのである。

この失態の原因は、諸藩の幹部を主軸とする部隊指揮官にある。歩兵隊は欧米軍事顧問団によって訓練されていたが、**指揮官が近代戦の知識が乏しかったせいで、幕府軍はせっかくの近代兵器の力を引き出せなかった**。そのうえ、**湿地帯の多い鳥羽と伏見では大軍の利が活かせず**、幕府軍はどんどん追い詰められることになったのである。

そもそも、**慶喜の認識不足**も問題だった。幕府は朝議に参加する名目で軍を進めたため、**鳥羽方面の部隊は弾込めすらしていなかったし**、鳥羽街道を封鎖する薩摩藩兵に接触した幕府軍の先鋒は、京都に問い合わせるという薩摩軍の時間稼ぎに応じてしまう。結果として鳥羽の部隊は先制攻撃で敗走し、伏見方面でも、司令部を突破された総司令官が、命令を出さずに勝手に退却。指揮官を失った各地の部隊は、各々の判断で戦うしかなかった。

錦の御旗が出たのは、こうした戦況が御所にも伝えられたあとだった。新政府軍に錦の御旗が翻ると、幕府将兵の士気が下がり、新政府軍に寝返る藩も続出。敗走した幕府軍は大坂城での決戦を覚悟するが、当の慶喜は江戸に逃げていたため、兵たちも引き上げるしかなかった。

地の利と人の利の両方に恵まれなかったこと。それが幕府軍惨敗の原因なのである。

32 会津戦争で大量の遺体が放置されたというのはウソ

通説

薩摩・長州藩を中心とした新政府軍と旧幕府軍が衝突した内戦・戊辰《ぼしん》戦争。なかでも激戦といわれるのが、1868年4月に勃発した会津戦争だ。この戦いによって、旧幕側の会津藩士約3000人が戦死。すると、新政府軍は遺体の埋葬を許さず、半年以上も道端に放置した。会津藩士は、罪人として見せしめにされたのである。

真相

明治新政府による埋葬禁止令は、長年史実だと考えられてきた。だが近年、これまでの定説を覆す史料が発見された。**新政府が戦闘終了後、速やかに埋葬を指示したという史料が見つかった**のだ。

会津降伏直後の鶴ヶ城。のちに陸軍の施設となるが、住民からの要望で取り壊された。

薩長と会津の確執を生んだ埋葬禁止説

福島県の会津若松市には、今でも長州や薩摩へ恨みを抱いている人が少なくないという。原因は、会津戦争にある。

1868年、佐幕派の筆頭だった会津藩を征伐するために、新政府軍は降伏した諸藩を伴い進軍した。会津藩には同盟を組んだ東北諸藩の助けはあったものの、多勢に無勢。9月22日に降伏した。戦闘の激しさを物語るように、城外には藩士の首が散乱し、川には水膨れの遺体が流れていたという。

少年兵で結成された白虎隊の墓。会津戦争では、城が燃えていると勘違いした隊士たちが殉死する悲劇が起きていた（© karitsu）

これまでは、新政府は会津兵の遺体の収容を禁じ、終戦から半年近く経過した翌年2月になって、ようやく埋葬の許可を出したと伝えられてきた。京で尊皇攘夷派を苛烈なまでに取り締まってきた会津藩への恨みが、ここにきて爆発したのだといわれている。

だが２０１６年12月、この埋葬禁止説を否定する史料が見つかった。それが「戦死屍取仕末金銭入用帳」と呼ばれる帳面の写しだ。会津藩の要職を務めた人物の子孫が、１９８１年に同市の博物館に寄贈した史料のうちの1点であった。

帳面の作者は不明だが、埋葬に関する詳細な記録が34ページにわたって残されている。そこには、収容作業が始まったのは、10月3日という記載がある。つまり、**埋葬の許可は終戦から半年後ではなく、10日後には出されていた**のである。また、17日までに新政府の民政局から命令を受けた会津藩士４人が中心となり、５６７体の遺体を寺や墓地など64カ所に運び込んだことも明らかになった。

　さらに、身元が確認できるよう遺体の状況や服装なども図入りで克明に記載され、なかには戦いの足手まといになるとして集団自決した会津藩家老・西郷頼母《たのも》の一族21名の亡骸や、後に新島襄の妻となる山本八重《やえ》の父・山本権八の遺体に関する記述も見られる。また、「金銭」とあるように、埋葬の費用が74両（現在の価格で約450万円）であったことや、延べ384人が作業に動員され1人1日につき2朱（約7500円）を支給したことまでが記されているのである。

　遺体を長期間放置すれば伝染病の発生を招き、統治面でも支障をきたすおそれがあった。新政府にとっても、速やかに埋葬する必要があったのである。

　埋葬禁止説が広まったのは、全ての遺体が埋葬できたわけでなかったことや、年を越しても遺体の捜索が続けられたことなどが原因だと考えられている。

　しかし、長年埋葬禁止説が信じられたことは、会津と薩長の人々の間に、**感情的なしこりを残す一因**になった。100年以上経った今も溝は埋まったとはいえず、1996年に会津若松市長が山口県萩市を訪問した際、記者会見の場で市長同士の握手を求められたが、会津若松市長は「（和解するには）まだ時間が必要だ」と応じなかったほど。

　遺体埋葬に関する史料は、両者の間に和解を促す新発見になるとも言えそうだ。

33

丁字戦法で日本がロシアに勝ったというのはウソ

通説

日露戦争における「日本海海戦」で、連合艦隊が使った必勝策。それが「丁字《ていじ》戦法」だ。海戦の最中、司令長官・東郷平八郎《とうごうへいはちろう》大将はロシア艦隊の目前で艦隊を反転させるという奇策に出た。この「東郷ターン」と呼ばれる反転の結果、連合艦隊は「丁」の字を描いてロシア艦隊の進行を遮り、敵艦を撃破。日本海軍は無敵と呼ばれていたバルチック艦隊を破り、戦争の勝利に貢献したのである。

真相

日本海海戦で日本が勝利できたのは、丁字戦法のおかげではない。陣形を維持できた時間が短く、敵艦隊に決定打を与えるほどではなかったからだ。
実際の勝因は、日本の新装備と同盟国の協力によるもの。**戦術ではなく、戦略の勝利**なのである。

「三笠」上で指揮を執る連合艦隊司令長官・東郷平八郎（中央）

失敗していた丁字戦法

日本の日本海海戦勝利は、世界中を驚かせた。史上初めて、有色人国家が白人国家に勝利したのだから無理もない。しかも、相手は世界最強と謳われたバルチック艦隊である。まさに、奇跡的な大勝利だった。

その勝利の要因は、艦隊の進路を防ぐ丁字戦法だとこれまでは考えられてきた。列をなして進むバルチック艦隊に対し、連合艦隊は横一列に並ん

第一・第二艦隊の艦隊長とその幕僚。右端にいるのが作戦参謀の秋山真之（『提督秋山真之』国会図書館所蔵）

で先頭の戦艦に砲撃を集中させ、勝利を収めたという考え方だ。

確かに、東郷が開戦前から丁字戦法を秘策として温め、海戦で実行したのは事実である。しかし丁字戦法には問題があった。それは、敵艦隊が進路を変えると、陣形が崩れてしまうことだ。

たとえば、1904年8月の「黄海《こうかい》海戦」でも丁字戦法は使われたが、ロシア軍の旅順《りょじゅん》艦隊が日本軍艦隊の後方に逃げたことで陣形が崩れ、攻撃に失敗している。

実は、同様の事態は日本海海戦でも起きていた。陣形を整えた連合艦隊は、東郷の命に従い、2時10分頃より砲撃を開始した。だが、旗艦を砲撃されたバルチック艦隊も、舵をきって進路を変更。その結果、連合艦隊と並航する形となった。その後も連合艦隊は丁字に陣形を組もうとしたが、基本的には艦隊同士が並航して戦っていた。最初の数分間は丁字を維持できたものの、それすら「丁」ではなく「イ」に近い形だったという。

では、丁字戦法が有効でなかったとすれば、なぜ連合艦隊は世界最強といわれたバルチック艦隊を撃破することができたのだろうか？

日本軍の勝因は、二つある。新兵器の導入と、同盟国のサポートだ。

日本海軍は、ロシアとの決戦に備えて**「下瀬火薬」**と**「伊集院信管」**を開発していた。破壊力が向上した下瀬火薬と、甲板上の構造物破壊を想定した新信管の組み合わせによって、**日本戦艦の砲撃力は飛躍的に向上**。ロシアの戦艦は戦闘力を早期に失った。開戦前からイギリスに艦艇建造を依頼し、多数の新型艦を揃えていたことも無視できない。

また、**イギリスが日本に味方していたこと**も有利に作用した。そもそもバルチック艦隊は、満州方面のロシア艦隊を救援するために、アフリカ・アジアで補給をしながら日本近海へ向かう予定だった。しかし、アフリカやアジアに植民地を抱えるイギリスは、バルチック艦隊がイギリスの植民地に寄港することを拒否。植民地を持つ列強国にも圧力をかけ、**ロシアに補給を許さなかった**。

ドイツの給炭船を同伴させていたものの、バルト海を出て大西洋から喜望峰を通り、インド洋から日本海にいたるという長距離航海は、艦艇や乗員に多大な負担を強いた。**約7カ月にわたる期間を、休息なしで過ごした**のである。結果、バルチック艦隊は38隻中21隻沈没、6隻捕獲、6隻が近海の米中領抑留という大損害を被ったのに対し、連合艦隊の喪失艦は水雷艇4隻のみという、日本の完勝で終わったのである。

34 真珠湾攻撃は察知されなかったというのはウソ

通説

1941年12月8日午前1時30分（日本時間）、ハワイ・オアフ島へ接近した日本海軍機動部隊は、アメリカ軍太平洋艦隊の本拠地である真珠湾を奇襲した。徹底した情報封鎖によってアメリカは奇襲を予測できず、ハワイの守備隊は反撃の暇もなく航空機の攻撃に晒される。そして二度の攻撃によって、アメリカ軍は戦艦5隻と多数の航空機を失ったのである。

真相

外交暗号の解読や各種分析によって、**アメリカは早期に日本の軍事行動を予測していた。**当然、真珠湾攻撃の可能性も掴んでいて、奇襲は想定の範囲内だったのである。アメリカが予測できなかったのは、奇襲攻撃そのものではなく、攻撃の規模と方法であった。

想定内の攻撃と予想外の被害

当時、アメリカ大統領だったフランクリン・ルーズベルトは、第二次世界大戦への「不介入」を公約に当選した人物だった。また、ヨーロッパとの相互不介入を掲げる「モンロー主義」が国内世論の支持を集めていたこともあって、物資的な支援は行っても、軍事介入まではしなかった。

だが、**ルーズベルトはどうしても、ヨーロッパ戦線への参戦を欲していた。**「ファシズムから民主

日本軍の攻撃を受けて爆発するアメリカの駆逐艦「ショー」

主義を守る」という大義もあったが、ナチスの迫害を受けた亡命ユダヤ人や軍事産業の圧力も影響していたという。

そこでルーズベルトは、ドイツと同盟を結ぶ日本に目をつけた。日本を挑発して先制攻撃をさせ、対独参戦の口実にしようとしたのである。そのためアメリカは、日本軍が真珠湾への軍事行動を計画しているという情報を掴んでおきながら、あえて攻撃させた可能性があるのだ。

アメリカが開戦を予測したとする根拠は、**暗号解読**だ。日本の外務省が使用していた「パープル」という暗号機の解読を、アメリカは模造機を製造することで成功していた。そのため、日本の外交暗号はアメリカに筒抜けとなっていたのだ。**日本政府がハルノートを最後通牒としたことや、日本が真珠湾内の艦艇数を調査している情報までもが、12月6日までに大統領へと送られていた**。

そもそもアメリカ軍部では、1930年代から、太平洋方面の軍事拠点である真珠湾が攻撃される可能性が、度々議論されていた。日本による攻撃が起こる前年の1940年には、イギリス海軍航空隊がイタリアのタラント軍港を奇襲したことを受け、陸海軍が共同でハワイの対空防衛を強化していた。

もちろん、日本の先制攻撃に関する議論には、政府も参加していた。1941年の段階から政府と軍の間で幾度も交わされ、11月27日には陸海軍の全部隊に奇襲に対する「戦争警告」が発せられていた。つまり、アメリカは真珠湾が攻撃されることを想定して、対策を講じていたのである。

にもかかわらず、アメリカ軍は多大な被害を出してしまった。その原因は、**攻撃の規模を見誤った**ことにある。

そもそもアメリカは、真珠湾攻撃が実行されても、被害は少ないと見積もっていた。湾内の水深が非常に浅いため、日本軍が航空魚雷を放っても、海底に突き刺さると予想していた。それに、防備を強化していた安心感から、真珠湾攻撃への対策はそれ以上は重視されず、ルーズベルトはアジア方面の防衛に重点を置いていた。

そう考えれば、ハワイ守備隊に開戦の情報があまり伝えられなかったことや、日本軍が航空奇襲前に小型潜水艇「甲標的」で襲撃しながら警戒態勢が敷かれなかったことにも納得がいく。

しかし、予想は大きく外れ、日本機動部隊による大規模空襲が決行された。そして合計300機以上の航空機と狭い湾内でも使用可能な浅深度魚雷によって、アメリカ太平洋艦隊は戦艦5隻を失う大損害を被ったのである。

大日本帝国憲法発布の様子を描いた錦絵。天皇には、制度上は強い権限が付されたが、実際に天皇が政治に介入することはほとんどなく、政策立案や運営は、政府や枢密院等に任されていた。

第四章 文化・制度にまつわるウソ

今とはこんなに違う歴史常識

35 稲作が弥生時代に始まったというのはウソ

通説

縄文時代の日本人は、採集と狩猟で生活の糧を得ていた。周辺の獣を狩り、山や川で木の実や貝類を採集して、なくなれば他の地域へと移住する。そうした生活スタイルは、弥生時代初期に大陸や朝鮮半島から稲作が伝わるまで、変わることはなかった。コメの伝来経路については諸説あるが、稲作によって人々は定住生活を送り、やがて「ムラ」や「クニ」が誕生していったのである。

真相

農耕そのものは縄文時代からすでに行われ、集落作りも早期から見られた。稲作をはじめ、弥生時代に伝わったとされる様々な作物も伝来時期が見直されており、**縄文時代後期までに伝わっていた**ことがわかっている。

板付遺跡に復元された集落。縄文時代晩期の地層から水田跡や農具などが発掘された。

縄文人は狩猟民族か

毛皮をまとい、石槍や斧を片手に獲物を追い回す。縄文人というと、そうした野生的なイメージが伴いがちだが、すでに学界では否定されている。なぜなら、**各地の縄文遺跡から、農耕の痕跡がいくつも発見されている**からだ。

まず有名なのは、佐賀県の菜畑《なばたけ》遺跡や福岡県の野多目《のため》遺跡、板付遺跡から発見された水田跡である。とくに、菜畑遺跡の下層は2500〜2600年前のもので、日本最古の水田跡として知られている。ここから米や農具、土器などが出土していることから、縄文時代末期には稲作が始まったと考えられている。少なくとも、この水田より前から稲作は行われていたはずで、**約3000年前には日本で稲作が行われていた**、というのが、現在の支持を集める説だ。

さらに、近年の発掘調査によって、縄文人がコメ以外の作物を栽培していたこともわかってきた。その代表が、**豆類**である。

たとえば、2007年9月、小畑弘己熊本大学准教授の率いるチームは、長崎県大野《おおの》原《ばる》遺跡から大豆の圧痕《あっこん》付き縄文土器を発掘している。圧痕とは、押しつぶされた痕のことだ。その後の研究で、この大豆の正体が自然から採集したものではなく、栽培用の扁平型大豆だということがわかったのである。なお、この発見は、土器に残る植物の種痕を型取りして顕微鏡で観察する「レプリカ法」が採用されたことでも話題を呼んだ。

それまで、大豆は弥生時代のコメ伝来後に、栽培用穀物として伝わったというのが定説だった。しかし同年10月に別の遺跡でも同様の圧痕付き土器が見つかったことから、**少なくとも縄文時代の中頃までには、大豆の栽培と貯蔵が始まっていた可能性が高い**。年代にすると、およそ5000年も前の話である。つまり、稲作よりも早い段階で、大豆の栽培が行われていたかもしれないのだ。

一部の地域のみとはいえ、縄文人が作物を栽培していたとなれば、これまでのイメージは大きく変わることになる。農耕に必要な多様な知識、農業を指揮するリーダーの存在、定住的な集落の形成など、狩猟採集よりも高度な形態が作物の栽培には必要になってくるからだ。

実際、豆類や栗類の栽培跡が発見された青森県三内丸山《さんないまるやま》遺跡の集落跡でも、500人が居住可能な大規模集落跡が見つかっている。この集落跡では、約1500年の間、縄文人が生活したとも考えられているので、**縄文時代の人々は獲物を求めて移動し、定住生活をしなかったとする説も、見直しが必要となる**だろう。

なお、稲作については、縄文時代中期までさかのぼるのではないかという意見もあるが、今のところ、考古学研究の裏付けはない。

縄文人を農耕民と見るか、農耕も行う狩猟採集民と見るか。意見はわかれているものの、縄文時代の日本人が狩りだけを生業としていなかったことは、確かである。

36 大仙陵古墳は仁徳天皇の墳墓というのはウソ

通説

権力者を埋葬するため、3世紀頃から7世紀頃にかけて日本中で造られた古墳。なかでも最大規模のものが、仁徳天皇陵《にんとくてんのうりょう》である。

堺市の大仙町《だいせんちょう》にある仁徳陵は、第16代仁徳天皇の陵墓として399年頃に築造された。『日本書紀』や『古事記』によれば、難波高津宮《こうづ》（現大阪市天王寺区）で即位した仁徳天皇は、治水に長けた名君だったという。その墳墓の大きさは、全長約486メートル超。クフ王のピラミッドや始皇帝陵に並ぶ、世界でも最大級の墳墓である。

真相

天皇の在位期間や実在性を疑問視する声があがったことで、大仙町にある古墳を仁徳天皇の陵墓だとする見方は薄まりつつある。天皇に並ぶ権力者が葬られた可能性は高いが、**仁徳天皇の埋葬を示す、確かな史料は存在しない**のだ。現在では仁徳陵という名称が使われることも少なくなり、「**大仙陵古墳**」という呼び名が定着している。

大阪府堺市にある大仙陵古墳

埋葬者不明の巨大古墳

仁徳天皇陵は、その名の通り仁徳天皇の陵墓とみなされ、一昔前は歴史教科書にも必ず登場していた。

しかし、結論から言えば、これまで仁徳天皇陵と呼ばれてきた古墳の被葬者は、仁徳天皇とは別の人物である可能性が極めて高い。埋葬品や付近から発掘された遺物の調査によって裏付けられた、信頼性の高い情報である。立ち入りが許されていた江戸時代から明治時代の記録も再検討され、これまでの通説に異が唱えられている。

これまで、仁徳天皇が没したのは5世紀初頭だと考えられてきた。『日本書紀』では399年、『古事記』では427年とあるからだ。しかし、研究の結果、**陵墓の築造は5世紀中頃**の可能性が高いことがわかった。この築造年代は、次代の履中天皇陵とされている古墳より新しい。これでは、陵墓に仁徳天皇が眠っているとは考えにくい。

そもそも埋葬者が仁徳天皇だとされてきた根拠は、『日本書紀』『古事記』『延喜式』の記述ぐらい。先述した没年を含め、研究者の間でも歴史的事実に基づいているかは意見がわかれていた。

そうなると、気になるのは誰が眠っているかだが、宮内庁が発掘調査の許可を出さないため、被葬者が誰かまではわかっていない。ただ、墳墓の巨大さから、**埋葬者が天皇に近い実力を持つ人物であることは確実**だ。

このように、古墳の被葬者をめぐる研究は、一昔前と今では全く様相が異なる。発掘調査がなかなかできない環境ではあるものの、過去の出土品を最新技術を駆使して検証し直すことで、新しい事実が浮かび上がってきているのである。

その代表が、奈良県桜井市にある「**箸墓《はしはか》古墳**」だ。数ある前方後円墳のなかでもかなり古い部類に入り、邪馬台国畿内説を唱える研究者の間では、卑弥呼の墓だという説が有力視されてきた。しかし、卑弥呼の没年は２４７年頃だとされているのに対し、箸墓古墳の築造年代は３００年代と時期が合わなかった。

そんななか、２００９年に国立歴史民俗博物館が、箸墓古墳の築造年代を見直すと発表したのである。

全国で約５０００点の土器を年代計測した実績を持つ同博物館は、箸墓古墳で出土した土器と同種類のものが、２４０年代から２６０年代にかけて使われていたことを突き止めた。つまり、**卑弥呼の没年と一致**するのである。

ただ、箸墓古墳も大仙陵古墳同様、宮内庁が第７代孝霊《こうれい》天皇の皇女ヤマトトトヒモモソヒメの墓と認めて管理しているので、大規模な発掘は行えない。

２０１９年、大仙陵古墳のある「百舌鳥《もず》古墳群」と、応神《おうじん》天皇陵とされる「誉田山《こんだやま》古墳」などがある「古市《ふるいち》古墳群」は、「ユネスコ世界文化遺産」に登録された。ただ、満足な発掘調査が行えない場所も多く、未解明な部分がかなり多い。価値ある遺産を後世に伝えるためには、より透明性のある管理が必要なのは間違いない。

37

聖徳太子が十七条の憲法を定めたというのはウソ

通説

「冠位十二階」や「十七条憲法」の制定で知られる聖徳太子。幾度も紙幣の肖像に採用され、日本で最も有名な偉人といっても過言ではない。

聖徳太子の偉業は、大陸の制度を参考に、日本初の明文化法を制定し、血筋を重視する社会を改変するべく、能力主義を取り入れたことだ。こうして、太子は古代日本をより洗練された国家へと生まれ変わらせたのである。

真相

冠位十二階は聖徳太子ではなく、他の豪族、もしくは天皇が大陸の制度を参考にして作ったものだと考えられている。同じく、十七条憲法の制定に関しても、聖徳太子は関わっていないと考える説が有力なのである。

否定される聖徳太子の功績

近年、「聖徳太子はいなかった」という学説が注目を集めている。高校の歴史教科書ではすでに**「聖徳太子」から「厩戸《うまやど》王《おう》（聖徳太子）」とカッコつきで表記**され、さらには聖徳太子の功績についても、本当に本人によるものなのか、疑問視されるようになっているのだ。今後は小中学校の教科書からも、聖徳太子という表記が消える可能性もあるという。いったいなぜ、ここまで扱いが

聖徳太子をモデルにしたと伝わる「唐本御影」（『聖徳太子御伝叢書』国会図書館所蔵）

変わることになったのだろうか？

そもそも聖徳太子という呼び名自体、正しくない。本当の名前は、先述した厩戸王だ。厩戸王は用明天皇の皇子で、母は蘇我氏の一族に連なる人物。この厩戸王を称えるため、後世に贈られた呼び名が「聖徳太子」なのである。

もちろん、呼び名が違っていたから教科書表記を変える、というわけではない。問題とされているのは、**「聖徳太子による功績」だとされているものが、「本当に厩戸王の功績なのか」**という点だ。実は、十七条の憲法や冠位十二階の制定、仏教興隆、遣隋使派遣などを厩戸王が主導したと記す史料は、存在しないのである。

研究が進んだ現在、遣隋使の派遣は小野妹子派遣よりも前に推古天皇が直接関わったとする見方が支持を集めているし、法隆寺の建立に関しても、根拠とされてきた銘文に創作疑惑が出ていて聖徳太子の関与は定かではない。

また、十七条の憲法に関しても、内容に後世の用語が使われていることからもっと後に制定された可能性があって意見がわかれているし、冠位十二階にしても、史料からは厩戸王の関与が確認できないのである。

そもそも厩戸王が政治の世界にいたとき、中心人物は**推古天皇**と**蘇我馬子**だった。当時の情勢を鑑みれば、十七条憲法と冠位十二階の制定は、この2人が主導していたと考えたほうが自然だ。**聖徳太子の功績は、厩戸王だけのものではなく、複数の人物によると考えるのが、現在の通説**なのである。

では、聖徳太子という超人的人物はなぜ生み出されたのだろう？　考えられるのは、**壬申《じんしん》の乱**の影響だ。

壬申の乱は、672年、天智《てんじ》天皇の死に伴い起きた皇位継承争いである。戦いに勝利したのは、天智天皇の弟である大海人皇子《おおあまのみこ》だ。この大海人皇子が即位して天武《てんむ》天皇となると、内乱によって失墜した天皇の権威を回復しようと、天皇中心の中央集権国家の建設を目指した。

この際、注目されたのが、厩戸王だとされる。天武天皇は、天皇家の血を引く人物に同時代の功績を仮託し、**天皇支配の正当性を豪族に示そうとした**。これが、聖徳太子誕生の背景だと考えられている。

折しも、天武天皇が即位する10年ほど前、日本は白村江《はくそんこう》の戦いで唐・新羅連合軍に大敗し、天皇の権威は大きく揺らいでいた。豪族が天皇に近い力を持っていた当時、何もしなければ天皇家の支配体制が崩れると、天武天皇は危惧していたのかもしれない。

38 平安京は優雅で平和な都市だったというのはウソ

通説

雅で洗練された王朝文化を育んだ都市平安京。この地に暮らした貴族たちは、和歌や漢詩、管楽に接しながら、優美な生活を送っていた。都市の治安は警察機構である検非違使に守られ、貴族の安全は保障されていた。武士の時代になってからも、平安京は文化の中心として特別な地位に位置し、優雅で平和な都市であり続けたのである。

真相

王朝文化が育まれた一方で、**平安京では貴族による暴行事件や拉致事件が、何度も起きていた**。衛生環境も劣悪で疫病が何度も流行するなど、現在イメージする京都とは、全く姿が異なっていたのである。

王朝文化を代表する『源氏物語』の絵巻の一幕（『源氏物語絵巻』国会図書館所蔵）

荒々しかった平安京

京都市が発表した「平成28年京都観光総合調査」によると、2016年に京都を訪れた観光客は、5522万人にのぼるという。年間宿泊客数と外国人観光客数は過去最高を記録し、満足度も高い水準を示すなど、観光都市として、他の地域を圧倒している。古い街並みを目にして、平安京の雰囲気を肌で感じたような気になる人もいるかもしれない。

しかし、平安時代の京都には、現在のような優美な街並みは広がっていなかった。それどころか、貴族が我が物顔で街に繰り出し、ときには暴力をもって気に入らない相手をねじ伏せていたのである。

たとえば、光源氏のモデルとなったといわれる敦明《あつあきら》親王は、高階業敏《たかしなのなりとし》という中級貴族を公衆の面前で殴り掛かり、**大勢で囲んで衣装がぼろぼろになるまで袋叩きにした**という。荘園の権益をめぐるトラブルが原因のようだが、やり方はかなり荒々しい。

政治の実権を握った**藤原道長**にしても、**自宅を造るために民家を破壊し、戸や柱を奪っていた**。しかも道長はこれを、通行人を拉致して無理やり行わせている。現代の感覚からすると異常だが、同じようなことを寺院建立のためにも行っているため、本人からすればおかしなことではなかったのだろう。

他にも、無礼をはたらいた貴族に対して、従者たちに命じて牛車に石を投げつけさせた貴族や、女性を巡るトラブルから法王の従者の首をとった貴族など、全くもって優美ではない行動が平安京内では繰り広げられていた。平安京の貴族たちが王朝文化の担い手だったのは事実だが、その性格や倫理観は、現在の観点からすると、かなり問題があったのである。

こうした貴族の素行の悪さに加え、平安京には深刻な課題があった。それが、**衛生環境の悪さ**だ。

実は造営からかなり早い段階で、平安京の一部は荒廃していた。平安京西部に位置する右京は湿地帯が広がり、住宅地に適していなかったからだ。10世紀の初頭になると、**右京は人気が少なく壊れた家は放置され、狐や狸の住処になっていた**という。

また、左京に人口が流入しつづけた結果、居住区域は住宅密集地となり、新たな問題が次々と発生した。

まずは、上下水インフラの確保が問題となった。もちろん、平安時代に下水処理場など存在しない。**生活排水は、なんと飲料水の供給源でもある鴨川に流されていた**。しかも鴨川には、ゴミや死体まで遺棄されていた。飲料水を確保するのは、かなり危険だ。平安京で天然痘や赤痢といった疫病が何度も流行したのも肯ける。

また、人口増加によって住宅や燃料の需要が増えたことも、都市の荒廃につながった。住宅も燃料も木材が使われたが、需要が急増したことで山林の木が次々と伐採され、山は丸裸になった。その結果、**雨が降れば鴨川が大氾濫を起こし、都市機能が何度も停滞したのである**。

優雅で進んだ都市だったと思われがちな平安京だが、現代の都市問題と同じように、平安京も悩みを抱えていたのである。

39 日宋貿易は平氏の時代にピークを迎えたというのはウソ

通説

平安時代後期に栄華を極めた平氏政権。その棟梁である平清盛が重視したのが、中国・宋王朝との日宋貿易だ。清盛は大陸との玄関口であった博多湾一帯を掌握し、摂津国（現兵庫県）の港・大輪田泊《おおわだのとまり》を修復するなど貿易を積極的に推進。そのため、平氏政権の時代に両国間の交易は、空前の活況を呈することとなったのである。

現在の岡山県長船町福岡で開かれた市。中央上部付近に座る反物屋は束にした銭を持っている（「一遍上人絵伝」写し／国会図書館所蔵）

真相

平氏政権の時代に展開された日宋貿易だが、**より活発になるのは平家の滅亡後**であった。また、宋からもたらされた様々な文化が花開いたのも、清盛の時代ではなく、鎌倉時代なのである。

宋との自由な貿易を促した鎌倉政権

960年に中国大陸に勃興した宋王朝。平氏政権はこの国との貿易振興策を主導したが、次の鎌倉幕府では正式な国交を持つことはなかった。この史実を見れば、日宋貿易は平家の没落とともに、衰退していったように思える。

ところが、日宋間の交易がより緊密になるのは、鎌倉時代なのである。実際、平安時代のものとされる中国製の陶磁器は、官庁や大寺院など限られた場所でしか出土していないのに対し、鎌倉時代のそれは、日本各地で広く発見されている。これはどういうことなのか。

そもそも中国との貿易は、国家の管理下で行われるのが原則であった。だが、朝廷の権威が衰退するにつれ、貿易の管理体制も弱体化していく。そこで、平氏政権では、宋との交易を強化すべく、再度貿易の一元管理に乗り出していた。

確かに、時の政権に保護された貿易であれば、宋の商人たちも大口相手の取引先を得ることができ、滞在中の安全も保障される。ただし、この体制で交易に参入できるのは、平氏からお墨付きを得た者のみ。つまり、誰しもが商取引を認められたわけではなかったのである。

一方、鎌倉幕府は宋と外交関係を結ばなかったものの、貿易は認めていた。そして、厳しい統制もかけなかった。すると、**平氏政権では難しかった民間レベルでの自由な交易が活発になった**のである。

商人は平氏という庇護者を失ったものの、代わりに有力寺社や荘園から保護を受けるようになる。福岡の筥崎八幡宮《はこざきはちまんぐう》や宗像《むなかた》神社などを帰属先として、新たな取引相手の獲得に奔走していったのである。相模湾や江戸湾にも宋商船の来航があったことも、交易品が全国に拡散する要因の一つとなった。

そうして国内に広まった宋風文化は、当時の日本社会に多大な影響を与えることになった。その最たる例と言えるのが、**宋銭の流通**である。

宋銭はすでに11世紀頃から日本に流入していたが、実際に使用していたのは博多周辺に滞在する宋出身者に限られていたようだ。それが全国的に浸透するのは13世紀後半頃。年貢の銭納にも用いられるなど、基軸通貨の地位を獲得するようになった。これが本格的な貨幣経済の進展につながり、貸上《かしあげ》と呼ばれる金融業者を生み出すまでにいたっている。

同じ現象は、宗教面でも見られた。来日した宋出身者は主に禅宗を信仰していたが、この宗派は12世紀後半から武士層を中心に認知され、13世紀には京都や鎌倉で展開を見せる。後に政権を握る北条家も禅宗を保護したため、大勢の禅僧が貿易船に便乗して来日するようになったのである。そして禅宗は臨済宗や曹洞宗として発展し、浄土宗などとともに鎌倉新仏教の一翼を担うなど、日本の仏教界に新しい局面をもたらすこととなった。

このように、日宋貿易は対外政策を重視した平氏政権ではなく、貿易を半ば放任した鎌倉幕府の時代に規模が拡大したのである。だが、この両国の交易も１２７９年に宋がモンゴルに滅ぼされたことで、終焉を迎えるのであった。

40 鎌倉幕府が全国を支配したというのはウソ

通説

「治承寿永《じしょうじゅえい》の乱」、いわゆる源平合戦を制した源頼朝によって、鎌倉幕府は開かれた。成立時期は諸説あるが、京の朝廷から鎌倉の武士へと、政治の実権が移行したことは間違いない。鎌倉幕府の成立により、日本史上初となる武家政権が誕生し、武士が日本を支配する時代に入ったのである。

真相

鎌倉幕府は**東国の地方政権**に過ぎず、勢力を拡大したのちも、天皇家や公家、武家、寺家が補完しあいながら、政治は行われていた。むしろ、軍事権を手にしたという点では、鎌倉幕府以前に成立した平氏政権のほうが早かったぐらいだ。

武士として初めて政治の頂点に立った平清盛（楊洲周延「盛衰記西條別館之図」）

鎌倉幕府は全国を支配していない？

ここ数年で、歴史教科書の記述は大きく変わった。鎌倉幕府の成立時期もその一つ。以前は、源頼朝が征夷大将軍に任命された１１９２年だとされていたが、現在では、１１８５年説が有力である。テレビでもたびたび紹介されているため、知っている方も多いはずだ。

それでは、成立時期が変わったのは、なぜなのだろう？　それは、**頼朝が幕府の開設を宣言したわけ**

ではなく、段階的に政治機構を整備したからである。

1185年、頼朝は弟義経の追捕を名目に、朝廷から「守護・地頭」の設置を認めさせた。守護は国の警備を、地頭は土地の管理を担う役職である。これにより、各地を支配する体制が確立したため、この年が鎌倉幕府成立の年とみなされているのである。

そもそも、「幕府」という言葉は、鎌倉時代には存在しなかった。もとは近衛大将の陣営や館を指す言葉で、江戸時代、儒学研究が盛んになった頃に武家政権を指す言葉として使われた、歴史用語である。当時の武士たちは、鎌倉幕府ではなく「鎌倉殿《かまくらどの》」と呼んでいたようだ。

それに、鎌倉幕府がのちに力をつけたといっても、徳川家康のように、全国の大名に忠誠を誓わせたわけではない。1221年の承久の乱において、幕府は朝廷の攻撃を防いで返り討ちにし、立場は大きく向上したが、天皇家や公家、寺社は自分たちの土地を持ち、独自の経済圏を形成していた。要は、それぞれが好き勝手に土地を経営していたのである。

鎌倉幕府より前に軍事権を手に入れた平氏政権

鎌倉幕府といえば、「初の武家政権」といわれることが多いが、武家が政権を担ったのは、これが最初ではない。源氏と雌雄を決した平清盛も、政権を手中に収めた武士である。

清盛は貴族と同じように天皇家に親族を嫁がせて権力を手にしたため、武家政権ではないとする意見は多い。だが、**軍事警察権という面からみれば、実はその機能は鎌倉幕府と同じ**である。

まず、清盛の嫡男・重盛《しげもり》は東海、山陽、南海道などの治安警察権を委ねられ、三男の宗盛《むねもり》とともに武官の最高職である左・右近衛大将に任じられている。

さらには諸国から武士を上京させ、皇居などの警備を担わせる「**大番役**《おおばんやく》」という制度を、平氏政権は確立。後の鎌倉幕府にも踏襲されている。また、清盛自身が福原に住んで天皇家から距離を置くことで、独立性を確保したことも、朝廷と距離を置いた鎌倉幕府と共通している。

これらの理由などから、大河ドラマ「平清盛」の時代考証を担当した高橋昌明氏は、平家が拠点とした京都六波羅《ろくはら》の名をとって、一門の政治体制を「六波羅幕府」と称している。

幕府の定義をどう考えるか。今後の研究次第では、これまでの歴史常識がガラッと変わるかもしれない。

41 士農工商の身分制度があったというのはウソ

通説

江戸幕府は、民衆を支配するために「士農工商《しのうこうしょう》」と呼ばれる四つの身分を制定した。武士、農民、職人・大工、そして商人である。支配階級である「士」を頂点に、作物を生む「農」、生活品を作る「工」、ものを売る「商」という順で身分が固定。生まれながらの身分を変えることは、許されなかった。

真相

江戸幕府が「士農工商」という階級制を定めたことはない。厳格な規定があったどころか、**当時の身分は現代人が考えるよりも、かなり大雑把**だった。一方で、武士階級間には細かな序列があり、格に応じた厳しい上下関係があったのである。

江戸時代後期に描かれた士農工商のイラスト（『士農工商梅咲分』国会図書館所蔵）

厳格ではなかった江戸時代の身分

士農工商といえば、かつては江戸時代の身分制を表す言葉として、歴史教科書に必ず載っていた。支配階級である武士の身分が最も高く、米を生産する農民が2番、道具を生み出す職人と大工が3番、生産物を売る商人が最も下の身分。これが、士農工商だと説明されていた。

しかし、それが今では一変し、小学校の教科書からは士農工商という言葉が完全に削除されている。テレビや書籍でも取り上げられてきたため、知っている方も多いはずだ。

そもそも士農工商という言葉は、明治時代以降の歴史学者が中国の歴史書『漢書』からとったもの。それも身分の違いではなく、単に職業を分類した言葉のようで、**江戸時代に身分制度を表す言葉として使われたことはない**。

先祖が御家人株を買った勝海舟（右）

実際には、江戸時代の身分制度はそこまで厳格なものではなかった。支配階級である武士が上に立つのは変わらないが、農民や職人、商人間に身分差はなかった。身分を固定された被差別民はいたものの、それ以外の階級であれば、他の身分に移ることは可能だったのだ。

農家を例にとると、家業を継ぐ義務のある長男は別として、次男や三男坊はある程度の自由があった。というより、農家の生活は厳しく、ギリギリの生活をして次男や三男まで養えなかったため、口減らしのために都市部へ流入せざるを得なかったのだ。

また、大商人や豪農のなかには、**金で武士の地位を買った**者も少なくなかった。武士身分の売買は制度として確立しており、金さえあればだれでも武士になることができたのである。

御家人が売りに出した武士の身分は「御家人株《ごけにんかぶ》」といい、武士の身分を買った者は、家督を譲られる形で売り手の家系に組み入れられた。『南総里見八犬伝』の作者・曲亭《きょくてい》馬琴《ばきん》は、この御家人株を買って孫を武士にしている。盲目の金貸しが財で武士の地位を買った事例もあるが、その末裔は、何を隠そう勝海舟である。あの坂本龍馬の生家も、もとは商家の出身だ。

こうも頻繁では武士の魂もへったくれもないが、このようなことが可能だったのは、生活が苦しくなって身分を売る武士が相当な数にのぼっていたから。

そもそも武士といっても、その序列は細かく決められており、自由な暮らしができるのは、一部の上級武士のみ。下級武士の場合、給料はわずかで、内職や借金をしなければ生活することができなかった。一方、豊富な財力を有する商人や豪農からすれば、金で武士身分という名誉が手に入るなら安いもの。こうして、身分を売買するビジネスが成立したのである。

なお、商人への依存度が高かったのは、下級武士だけではない。江戸時代後期は大半の藩が財政難に陥っていたため、商家から大量の借金をしていた。**大店の娘を大名家へ迎える代わりに借金をチャラにしてもらう**、なんてことが起こるほど、逼迫する藩もあった。武士が偉いと建前では言っても、内実はかなり違っていたようだ。

42 江戸幕府が鎖国をしていたというのはウソ

通説

幕末日本の技術力が外国より遅れていた原因。それは、江戸幕府の「鎖国」である。3代将軍徳川家光は、外国や大名の影響力が大きくなることを防ぐため、諸外国との貿易を禁止。長崎の出島を除いた全ての港を封鎖し、外国との関係を断ち切ったのである。

真相

幕府は世界とのつながりを完全に断ってはいなかった。オランダなどの船舶は江戸時代でも頻繁に日本へ出入りしており、**貿易制限が出るほど大規模な交易がおこなわれていた**。その実態は、貿易禁止政策ではなく、諸藩の貿易を禁じて幕府がその権利を独占する、貿易管理政策だったのである。

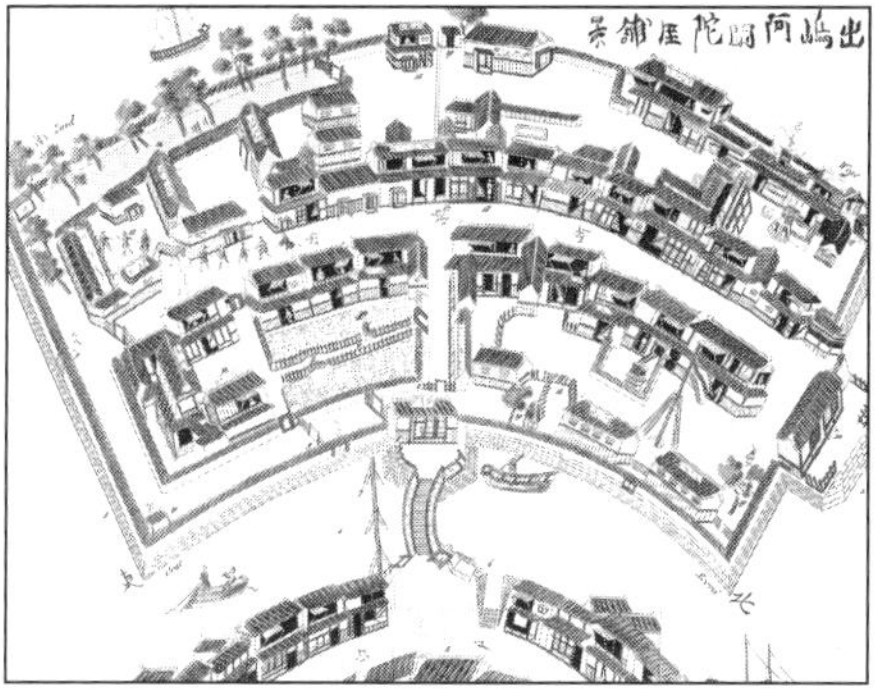

オランダとの交易のために長崎に造営された出島

江戸時代の海外貿易

これまで、江戸幕府の貿易禁止体制は鎖国と呼ばれてきたが、最近では、この鎖国という用語も誤りだといわれるようになってきた。

鎖国の言葉が使われたのは、ドイツ人医師のエンゲルベルト・ケンペルが執筆した日本の紹介書『日本誌』を、通訳の志筑忠雄《しづきただお》が1801年に『鎖国論』という題名で翻訳したのが始まりだとされている。本格的に定着するのは1858年以降で、一般に広まるのは、明治時代に入ってから。江戸時代に鎖国という言葉は、ほとんど使われなかったといっていい。

それもそのはず、日本は外国に対して、国を鎖《とざ》していたわけではなかった。実際には、貿易をしなかったのではなく、**貿易を厳しく管理する体制を、幕府はつくっていた**のである。


もともと徳川家康は、豊臣家を打倒できる経済力を蓄えようと海外貿易を重視していたため、貿易が莫大な経済的恩恵をもたらすことをよく知っていた。そのため、天下を手中に収めた後も幕府は貿易を続け、その一方で、諸藩が外国と交易しないよう厳しく目を光らせていたのである。

しかし、悩みの種だったのが、キリスト教だ。幕府からすれば、平等を説くキリスト教が民衆支配に都合が悪いことは、目に見えていた。

そこで幕府は、貿易相手を選ぶようになった。オランダだけに交易を許した、といわれることがあるが、正確には違う。キリスト教布教を求めるスペインとポルトガルとの交易を禁じたのである。実際、布教をしない中国やオランダ、イギリスとの交易が禁じられることはなかった。イギリスは貿易が禁じられたのではなく、オランダとの競争に敗れて撤退したに過ぎない。

それでも貿易量は大したことがなかった、と思うかもしれない。しかしそれも誤解で、**当時、日本からは大量の金や銀、銅が輸出されていた**のだ。その取引量は年々増え、中国では銅銭の原料の6割以上が日本から輸入されたものだったほど。18世紀初頭に貿易船の来航が制限されるようになったが、依然として日本産の鉱物の需要は大きかった。

現在、歴史学の世界では、江戸時代の貿易政策を鎖国ではなく、「**海禁**《かいきん》」と呼んでいる。海禁とは、国民の海外渡航を禁じる政策のことである。民間の貿易を禁じ、国が海上権を管理することが目的だ。日本だけでなく、中国や朝鮮半島など、東アジアでは江戸時代以前から一般的な政策だった。

ただし、日本の場合、一部の藩は特定の国や地域の貿易を許されていた。それが薩摩藩と対馬藩、松前藩だ。

薩摩藩は、明国と関係の深い琉球王国を武力で支配し、大陸貿易の利益の一部や、琉球産の黒砂糖を薩摩に贈らせていた。同じように松前藩は北海道のアイヌ、対馬藩は代々交易をしてきた朝鮮半島との貿易独占が認められた。薩摩藩はともかく、松前藩と対馬藩は農地を持たない藩だったため、貿易による利益で家臣を養うことが認められていたのである。

43

参勤交代が整然とした行列だったというのはウソ

通説

参勤交代は、江戸幕府が全国の大名に対し、1年ごとに領地と江戸を行き来することを命じた制度である。各藩は、威信を誇示するために数千人規模の行列を作って江戸までの道のりを厳かに進んだ。そのため領国から江戸へは多大な旅費が必要となったのだ。道中の庶民は土下座を強要され、行列が通り過ぎるまで、頭をあげることは許されなかった。

参勤交代の様子（「園部藩主参勤交代行列図」部分／南丹市文化博物館所蔵）

真相

厳かな大名行列を実際に行えた藩は、ほんの一握り。**大半の藩では、なるべくお金がかからないようにしていた。**民衆が土下座をすることもほとんどなく、むしろ大名行列を娯楽とみなしていたのである。

厳かな行列の裏側

籠に乗った大名と家臣の行列が進み、住民たちは地面に頭を擦り付け見送る。時代劇ではよくある参勤交代の一幕だが、これらはドラマや時代小説の脚色であって、実際の大名行列とは大きくかけ離れていた。

確かに、大大名の場合は、大規模な大名行列を展開することもあった。前田家は約４０００人、島津家は約３０００人もの家臣団が、列をなして江戸へ向かうこともあったという。

だが、いくら大大名とはいえ、何千人もが何日もかけて江戸へ向かうのは、経済的に大きな負担だった。たとえば、19世紀初頭に前田家が参勤交代で使ったお金は、現在の価値でなんとおよそ7億円。当然、一般的な藩はそんな大金を用意できないため、大行列が作られることは滅多になかった。

むしろ諸藩は、経費を少しでも削減しようと四苦八苦した。備品を借り物で済ませるのはもちろん、宿に泊まらず野宿や廃寺で寝泊まりし、人件費を節約するために最低限度の人数で出発してから、人里近くで日雇いを集めて大行列に見せかけることも珍しくなかった。

それに、問題は金銭面だけではなかった。他の領地では地元の藩士や住人とのトラブルが起きることも多々あり、通行予定の藩に使者を遣わせるなど、気苦労の絶えない道中だったのだ。

派手なイメージとは全く異なる行列だったわけだが、通説と異なるのはこれだけではない。見物人の態度も、時代劇とは大きく異なっていた。

時代劇では、大名行列に住民が土下座をしていたシーンが映るが、実はこれもフィクション。実際は**土下座をする必要はなく、膝をつくだけでよかった**。それどころか、屋内での見物も許されており、金沢市立玉川図書館が所蔵する「大名行列図」には、屋根付きの観覧席から加賀藩の行列を見守る見物人の姿が描かれている。

江戸の庶民からすれば、参勤交代は娯楽の一種だった。大名の家系図や石高などのデータを集めたガイド本まで出回るほどで、大名が参府すると、それを観ようと多くの人が押し寄せたのだ。

ただし、行列の相手は殿様である。行列を横切る無礼者は、重罰に処された。それに、**格式の高い御三家が通る場合は土下座をする必要があり**、これらの行列に遭遇した小大名の行列が遁走した事例もあるという。

ちなみに、参勤交代の目的は、大名の経済力を弱めるためだったとよくいわれるが、実はそれも誤り。大名が窮乏したのはあくまで結果の話で、目的ではなかったのだ。

そもそも参勤交代の原型は、妻子を人質として京都に集めた豊臣秀吉の政策にある。家康はこの政策を踏襲して、大名の妻子に江戸移住を命じた。要は、人質である。

人質と聞くと物騒な印象を受けるが、これは大名からしてもありがたいことだったらしい。人質を出すことで、**家康への恭順の意を示す**ことができるからだ。なかには妻子だけでなく、大名自ら江戸へ参府して家康の機嫌をとろうとする者もいた。これが他の大名にも広がって参勤交代のかたちが整っていき、家光の時代に明文化されたのである。

44 大名の領地を藩と呼んでいたというのはウソ

通説

徳川家康が天下を統一し、江戸幕府が成立すると、諸大名は幕府に統制されることになった。大名は、参勤交代などの義務を負わされ、城を修理するにも将軍家の許可が必要となった。その代わりに、各地の大名は幕府によって領土を保証され、所領の統治権と軍の保持を許された。

このような、徳川家の隷下にある大名の領地を幕府は「藩」と呼んだ。そして、将軍家が270以上の藩を支配する「幕藩体制」が幕末まで続くことになる。

真相

幕府が大名の領地を公式に藩と名付けたことはないし、藩と呼ぶこともなかった。一般的には知られていなかったが、**明治政府が「版籍奉還」を行う際に大名の領地の公称としたことで、定着していった**のである。

明治時代に認められた藩

現在では、江戸時代の諸大名の領地のことを、当たり前のように「藩」と呼んでいる。

歴史教科書にも、徳川家の親族である「親藩」、徳川家に代々仕えた家臣の家系である「譜代《ふだい》藩」、関ヶ原の合戦以後に服従した「外様《とざま》藩」の3種類に大名の領地はわけられた、と記されているため、記憶に残っている方は多いだろう。

しかし、この呼び名は、江戸時代の常識とは大きくかけ離れていた。実は、藩とは明治時代になってから使われるようになった、比較的新しい用語なのである。

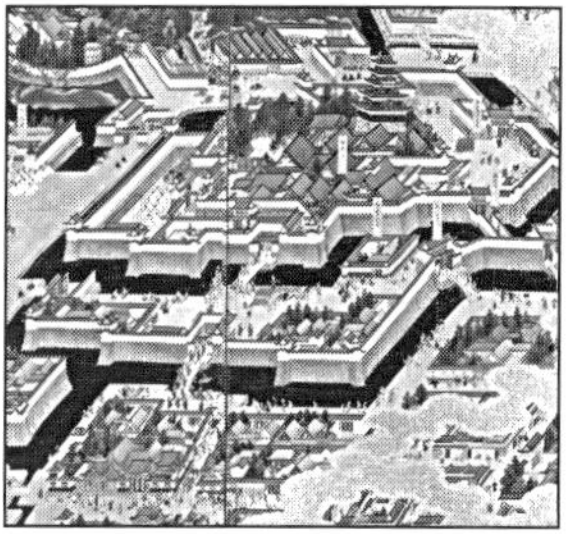

江戸の街並みを描いた屏風。中央の堀に囲まれた建物が江戸城。

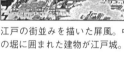

新井白石

そもそも藩とは、幕府ではなく、**江戸時代中期の学者・新井《あらい》白石《はくせき》らが付けた通称**だ。

白石は、のちに将軍となる徳川綱豊（家宣）の命を受け、大名の系譜を整理した。もちろん、政治家でもあった白石は、ただ大名の由来や事績を整理したのではなく、徳川家が諸大名のトップに立つことを強調しようとした。そうなると、書名も幕府の支配体制を表す用語が求められることになる。

そこで参考にされたのが、中国の書籍だ。江戸幕府に限らず、日本では新しい用語をつくるときは、中国の書籍が参考にされることが多かった。「明治」や「大正」といった元号も、古代中国の『易経』が元ネタだ。

白石ら学者グループもその例にもれず、古代中国の用語を参考にした。皇帝隷下の諸侯や地方を指す「藩」という用語を、「幕府が支配する大名の領地」という意味で使うことにしたのである。こうして諸大名の系譜である『藩翰譜《はんかんふ》』が成立したわけだ。

ただし、この藩という呼称は幕府の公称ではなく、あくまで一部で使われていたもの。江戸時代末期の書物には登場するが、知識人層以外に広まっていたとは考えにくい。

それでは、藩という呼称が一般的ではないのなら、大名の領地は何と呼ばれていたのだろうか？　地域や時代によって微妙に異なる場合もあるが、**幕府が公称していたのは、「領分《りょうぶん》」**である。また、藩や藩士を指す言葉として、「家中」という用語も使われていた。

このような状況が変化したのは、明治維新以後である。

明治新政府は、封建社会を壊して中央集権化を進めるために、大名の土地と領民を朝廷に返還させる政策を1869年に実施した。この政策が、「版籍奉還」である。

天皇中心の国づくりを目指した明治政府は、大名を天皇の配下だとみなした。そのために、「皇帝隷下の土地」という意味の藩を、「天皇隷下の土地」という意味に置き換え、大名の領地を表す言葉として使用したわけだ。

その結果、各大名は「知藩事」となり、旧幕府の直轄地と朝廷の土地以外は、藩として正式に政府の行政区分に組み込まれた。ここでようやく、藩は政府公認の用語となったのだ。

その後、1871年の「廃藩置県」によって藩政が廃止されたことで、藩は都道府県に置きかえられることになる。しかし、**藩は歴史用語として江戸時代の大名の領地を表す意味で使われるようになり、今日にいたっている。**

45

廃藩置県は外国への危機感から唱えられたというのはウソ

通説

明治維新が成功しても、欧米列強の脅威がなくなったわけではなかった。そこで政府は、日本が西洋に対抗するために中央集権化を急ピッチで進めた。1869年の「版籍奉還」で各藩の支配権を天皇に返上させ、1871年の「廃藩置県の詔」により、藩の廃止を決行したのだ。こうして旧藩主は東京への移住を命じられ、藩は県に再編されて中央の役人が地方を治めるようになった。幕藩体制は終わりを告げ、中央集権体制がスタートしたのである。

真相

廃藩置県が西洋への危機感から実施されたというのは、実は建前でしかなかった。封建社会の制度を一掃して、**明治政府の支配体制を磐石にすること**。それこそが、廃藩置県を決行した薩長藩閥政府の真意だったのである。

廃藩置県の裏側

「何ヲ以ツテ億兆ヲ保安シ、万国ト対峙スルヲ得ンヤ」

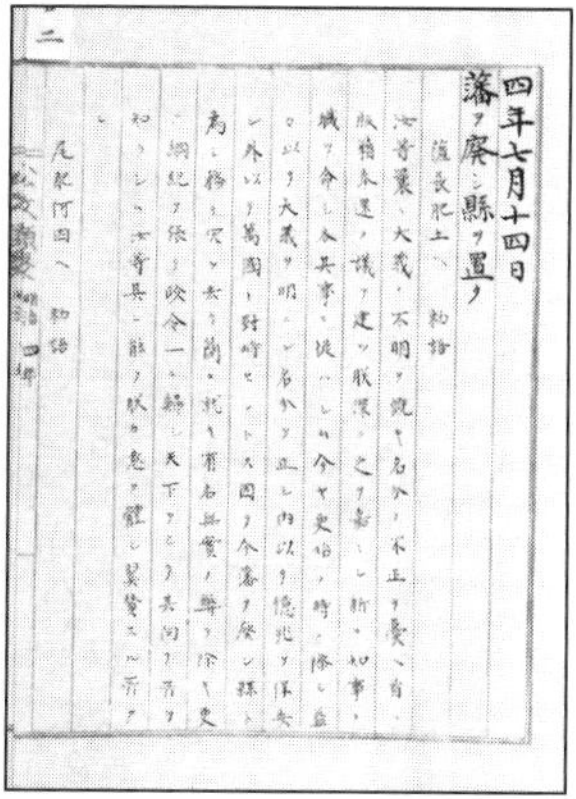
四年七月十四日
藩ヲ廃シ縣ヲ置ク

廃藩置県の詔（国立公文書館所蔵）

廃藩置県の詔に記されたこの一文には、「このままでは西洋から国民を守れない」という天皇の嘆きが表れている。二度の渡欧経験がある寺島宗則《てらしまむねのり》のように、政府内でも対外危機感を抱く者は多かった。

こうした欧米への警戒心から、廃藩置県を実行して政府の意向が日本の隅々まで行き届くような中央集権体制を確立しようとしていたと、一時期は信じられていた。

しかし、そもそも明治政府の政策は、西洋に追いつくことを主眼としており、言うなればあらゆる政策が列強への危機感を前提としていた。そうした前提のなかで、**新政府は自分たちの寡占体制を強化するために、廃藩置県に踏み切った**のである。

王政復古によって実権を握った新政府だったが、その権力は脆弱で不安定なものだった。原因のひとつが、自治権と軍事力を持つ大名たちの存在だ。天皇を味方につけているとはいえ、下級武士や公家を中心とする寄せ集めである新政府に、全国の藩を服従させる力はなかった。

実際、新政府は有力大名による連合政権を発足させることを約束しており、大名たちは自分たちの立場が保証されているということで、明治維新に賛同したのだった。その約束は反故にされ、薩長を中心とした寡占体制が強化されるのだが、**明治維新初期の時点では、大名による領地支配は継続しており、新政府の権力は限定的だった**のである。

こうした権力分散を解消するため、新政府は諸藩に土地と人民を天皇に返上させる版籍奉還の実施に動き出した。まずは薩長土肥の雄藩が領地を返還し、大名にも実施を促したのだ。

といっても、版籍奉還後も、大名は知藩事と呼び名が変わったぐらいで、事実上の領主として勢力を保っていた。徳川時代と同じく、実質的な支配権は維持できると考えて版籍奉還を支持した藩主は少なくなかったため、内実はそこまで大きく変わらなかったようだ。

そこで、旧藩主の権限を完全に取り上げるために、廃藩置県が発案された。薩長は約1万の兵力を土佐藩と共同で京都に送り、在京の知藩事を威圧。明治天皇はこの軍事力を背景にして、1871年7月、廃藩置県の詔を発したのである。

ただし、知藩事たちは脅しに屈して廃藩置県を受け入れたのではなく、むしろ特に反対することなく受け入れていた。というのも、新政府は各藩の自治権だけでなく、借金も肩代わりすると約束していたからである。

この当時、戊辰戦争や凶作の影響で、藩は財政が悪化していた。ほとんどが財政収入の3倍もの借金を背負っており、藩政の維持すら困難だったのだ。薩摩ですら収入に対して約1・77倍、長州は約3・61倍もの借金を抱えていたというから、他の藩は推して知るべし、というところだ。**廃藩置県前から経済破綻で廃藩を求める藩もあり、その数は13藩にものぼっていた**。廃藩置県が混乱なく終わったのは、薩長軍による威圧だけでなく、知藩事への経済保障があったことも、大きいのである。

46 戦前は天皇が政治のトップというのはウソ

通説

1867年末、大政奉還によって政権は徳川家から天皇に返上された。天皇は新国家の元首となり、1889年には、大日本帝国憲法によってその地位は確固たるものとなった。こうして日本は、天皇を頂点とした中央集権国家として歩み始め、国民は天皇を絶対的な統治者として崇めるようになる。だが、権力を天皇に一元化してしまったがゆえに、軍部は天皇の威光を楯にして、次第に暴走するようになってしまった。

真相

天皇が国家主権と憲法で定められたのは事実だが、自らリーダーシップを取ることはなかったし、政府の政策に口を出すこともなかった。そもそも戦前の日本の体制では、**責任が分散しすぎて天皇がリーダーシップを発揮することができなかった**のである。

陸軍の観兵式に参加する昭和天皇

形だけの国家の最高指導者

戦前の日本と聞くと、天皇を現人神《あらひとがみ》として神聖視する、堅苦しいイメージを抱くかもしれない。しかし、天皇のとらえ方は明治から昭和にかけて何度も変化しており、絶対的な存在ではなかった。むしろ、一時期を除けば、**国民にとっても天皇は庶民的なイメージが強かった**のである。

たとえば1890年代後半から、皇室の写真は民間で販売することが許され、雑誌や新聞には、付録として天皇や皇后の肖像画がつけられていた。そして、大正デモクラシーの時期には開かれた皇室を求める声が大きくなり、皇族写真の種類が多様化。**皇太子の水着写真まで出回るなど、庶民的なイメージが定着していた。**庶民は天皇に、大元帥としてのイメージばかりを抱いていたわけではないのだ。

そもそも、明治憲法で天皇の大元帥の立場や統治権は規定されているものの、**実権を握ったのは政治家や軍人**だった。

確かに明治維新後、宮中は天皇親政の復活を強く望み、天皇補佐を役割とする侍補《じほ》職《しょく》を設置するなど、体制の整備に取り掛かったが、政府はそれを形骸化し、薩長勢力が政権を運営していた。

そしてその内実は、時を経ても変わっていない。１８９０年11月に施行された明治憲法には「大日本帝国ハ万世一系ノ天皇之ヲ統治ス」と記されたものの、天皇が権力を振るう機会はかなり稀。むしろ、明治天皇が日清戦争に反対しても、政府はそれを受け入れずに開戦に踏み切るなど、天皇の立場は絶対的ではなかった。教育勅語などを通じて天皇制の浸透が図られた大正・昭和天皇の時代も、そんな状況が変わることはなかった。

なぜ天皇親政は形骸化したのだろうか？　最大の要因は、戦前の日本の政治構造が、最高責任者のいない仕組みになっていたからだ。

明治憲法下では、政務は天皇の補助機関である内閣が代行していた。普通に考えれば、内閣は天皇の意思を汲んでいるのだから、そのトップの総理大臣は権限が大きいことになるが、実態は違った。各大臣が個別に天皇を補佐するという形式をとっていたため、総理大臣は他の大臣と同格扱い。しかも、陸海軍の統帥権は内閣から独立して天皇に直属していたため、陸海の大臣は内閣の方針に従う必要がなかった。

さらに問題だったのは、軍隊内部においても、軍政（軍関係の行政）と軍令（作戦指揮）の権限がわかれて責任が分割されていたことだ。つまり、**内閣内に発言力のある勢力が並んでおり、責任の所在が複雑になりすぎていた**のだ。そのうえ、国政への発言権をもつ枢密院まであったのだから、天皇が意思を発揮することはできなかった。

開戦や政治の重要案件は天皇の許可が必要だったため、天皇に何も権限がなかったわけではないが、立憲主義を重視した天皇が、一から政治や戦争を指導することはなかった。天皇の権限をもって軍部の暴走を止めることも、実質的にはできなかったのである。

47 戦前の日本は発展途上国だったというのはウソ

通説

富国強兵をとなえて近代化にまい進した日本は、日清・日露戦争の両戦争に打ち勝って、国際連盟の常任理事国になった。しかし、国の内実は発展途上国のままで、重工業は欧米に比べて発達せず、国民総生産（GNP）も、太平洋戦争終戦までアメリカの半分にも満たなかった。そのような世界との差を埋めるために、日本の軍部は国力を増強するために植民地を拡大するようになり、その延長で日中戦争から太平洋戦争へと突き進んでいったのである。

真相

明治維新以降、日本は急激な経済成長の只中にあり、**貿易では列強との経済摩擦を起こすほどの存在感を示していた。**軍備の拡大も、そうした経済成長の裏付けである。戦前の日本も現代日本と同様の、国際社会における先進国の一員だったのだ。

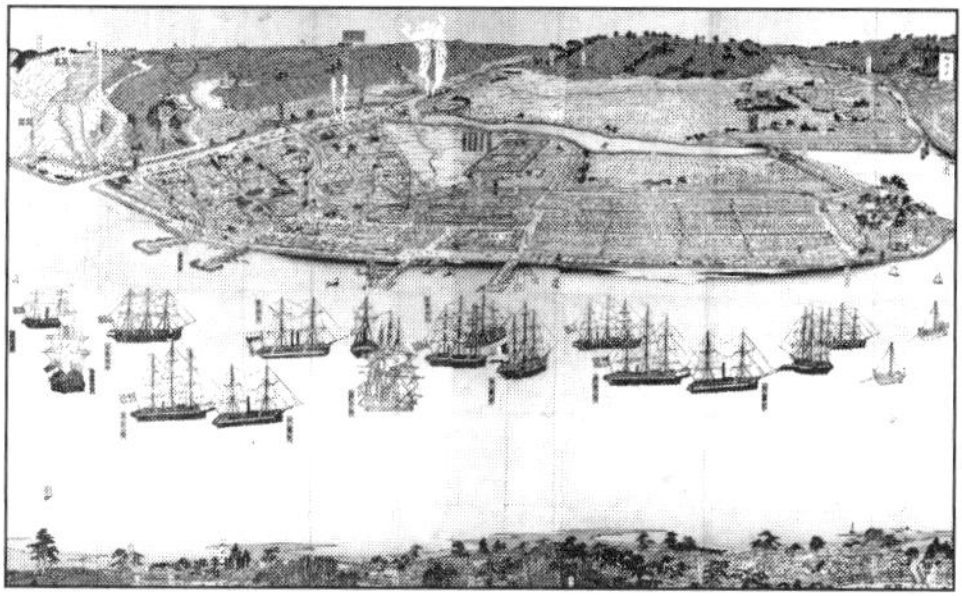
幕末の横浜港。幕府は西洋と盛んに貿易し、近代的な文物に接していた（「御開港横浜之全図」国会図書館所蔵）

経済大国だった大日本帝国

不況が長引いているとはいえ、現在の日本が先進国であることに、異議を唱える人はいないだろう。それに比べ、戦前の日本と聞けば、経済力は欧米よりも数歩遅れていた、というイメージを持つ人が多いのではないだろうか。

だが、実は幕末に開国した日本では、幕府によって貿易拡大政策がとられており、維新以後も、富国政策で貿易が推進されていたのである。

たとえば、1873年から1877年までの4年間で、日本の輸出額は年間約2億2000万円、輸入額は約2億7000万円だったが、1908年から1912年までの4年間は、輸出額が年間約44億5000万円、輸入額は約48億5000万円と、**20倍もの成長を遂げている**。

こうした貿易の急拡大を支えたのが、**生糸の輸出**だ。江戸時代から養蚕業が盛んだった日本では、質の高い生糸を生産することができた。西洋でも蚕の飼育は行われていたものの、日本が開国したちょうどその頃、ヨーロッパで蚕の病気が流行し、生糸が品薄になっていた。その穴を埋めるかたちで欧米向けの生糸輸出が拡大し、日本の輸出産業の中心となったのである。

また、綿花を加工して綿糸を作る**紡績業**も、日本の輸出産業の中心となった。明治政府が富国強兵を掲げて工業化を進めて産業力の強化を図ると、1882年には、綿花の加工会社である大阪紡績会社が登場。これを皮切りに、全国で綿紡績工場が続々と誕生し、綿糸を次々に生産したのである。日本の綿糸はイギリスのものと比べると糸が太いことが特徴だったが、これが東アジアで好まれて需要が拡大し、紡績業は輸出産業の中心に発展したのである。

とはいえ、生糸や綿糸の輸出が増えても、貿易の総額では、輸入額の方が大幅に大きかった。富国強兵のための工業製品や兵器はもちろん、紡績業に欠かせない綿花や、最終加工品である綿製品、さらには砂糖など、消費財の輸入が拡大していたのだ。

だが、第一次世界大戦を迎えると、綿製品の世界的シェアを独占していたイギリスが戦争のダメージで衰退。代わって低価格の日本製品が台頭し、日本は輸出額が輸入額を上回るようになる。しかも、**1936年までに綿製品の輸出量で日本がイギリスを1割以上も追い抜き、自転車、ブラシ、鉄製玩具などの軽工業品でも、低価格を武器に世界の市場で上位に躍り出た**。日英間では貿易摩擦が発生するほど、日本の産業力は成長していたのだ。

さらに、明治中期に株式取引所が開設されると、民間の投資活動が活発化。第一次大戦以後の株価高騰の影響もあって、日本経済の成長は続いた。国民一人当たりの所得水準は、1870年から1940年までに4倍近くも大きくなったほどだ。

しかし、産業の急成長の一方で、工場労働や生糸の生産農家は賃金が安く、都市との経済格差が大きいという問題があった。急激すぎる経済成長の歪みも、着実に庶民の生活へ影響を与えていたのである。

48 日本国憲法はGHQのオリジナルというのはウソ

通説

太平洋戦争に敗北した日本は、連合国軍総司令部（GHQ）の監視の下、民主主義国家としての道を歩みだした。民主化のために発布されたのが、「日本国憲法」である。戦争放棄と国民主権を主軸とするこの憲法は新国家の象徴となるが、内容は最高司令官のダグラス・マッカーサーを中心としたGHQによって作られたものだった。いわば、日本国憲法の制定に、日本は携わることができなかったのである。

真相

日本国憲法がマッカーサーの案を基礎としたのは間違いないが、ＧＨＱは当初、日本主体で憲法を改正するよう求めていた。発案には日本側の意見も参考にされており、**平和主義を謳った第９条も、当時の首相がマッカーサーに求めていた可能性がある**のだ。

1946 年 11 月 3 日、憲法公布を記念する都民大会で群衆に応える昭和天皇

憲法第９条を作った日本人

施行から約70年が経過したころ、憲法改正をめぐる議論が広まりつつあった。安倍晋三首相（当時）が２０２０年に憲法を改正する意欲をみせるなど、日本はターニングポイントを迎えていたといっていい。

この憲法改正議論をめぐって必ず出てくるのが、ＧＨＱの押し付け憲法だから改憲すべき、という意見だ。主権のない状態でＧＨＱによって作られた憲法を、立憲国家の柱にしていいのか、ということで、日本人による憲法制定を求める意見である。

確かに、日本国憲法がGHQの主導でつくられたことは、疑いようのない事実。マッカーサー元帥が発案した「マッカーサー草案」が日本国憲法の基礎になっていることは、間違いない。

しかし、GHQは日本側の意見を全く聞かなかったわけではない。そもそも、GHQは当初、ポツダム宣言の民主化復活条項に基づき、日本政府の主導で明治憲法を改正させるつもりだった。実際、マッカーサーは1945年10月、近衛文麿に自由主義的要素を取り入れた憲法改正を求めており、それを受けて日本政府は多くの憲法案を検討していたのである。

憲法案は政府だけでなく、自由党や共産党、民間の研究会も考案していた。だが、1946年2月1日、毎日新聞が松本烝治《じょうじ》国務大臣の憲法案を紙面に掲載したことで、流れは変わった。明治憲法とほとんど変わらない保守的な案を読んだGHQは、日本政府主導の民主化は困難だと判断し、独自の草案作成に着手したのだ。そうして12日後にGHQが提示したのが、マッカーサー草案だった。

ただし、このマッカーサー草案は、GHQの完全なオリジナルではない。何しろ、**急遽作成することになったため、憲法研究会が起草した「憲法草案要綱」などを参考にし**

である。

ていた。そして参考にした憲法案には、主権在民や立憲君主制なども、書かれていたの

それに、日本政府の要求も、マッカーサー草案に反映されていた可能性がある。実は近年、**戦争放棄を掲げる9条を、幣原喜重郎《しではらきじゅうろう》首相がマッカーサーに求めていたという説が注目されている**のだ。

たとえば、1947年4月5日、マッカーサーは対日理事会において、「**日本が提案した戦争放棄を尊重する**」という発言を残している他、回顧録でも9条は幣原発案だと記している。

また、幣原の友である大平駒槌《おおだいらこまつち》が記録したノートや、側近が幣原から聞いた話を記した憲法調査会への報告書などでも、戦争放棄の概念は幣原の発案だったとされている。これらが正しいとすれば、日本国憲法の草案、とくに9条案は、日本とGHQのトップによって作られた日米合作だったことになるわけだ。

とはいえ、マッカーサーの発言は、当事者のものであることから本当かどうかは意見がわかれており、憲法調査会の報告書等も、確たる史料によって裏付けられたわけではない。いずれにせよ、幣原が憲法に関してGHQと頻繁に議論していたことはわかっているので、少なくとも、日本側の意向がGHQに伝わっていたことは、確かだろう。

主要参考文献・ウェブサイト一覧

「天皇の歴史01　神話から歴史へ」大津透著（講談社）
「天皇の歴史02　聖武天皇と仏都平城京」吉川真司著（講談社）
「天皇の歴史08　昭和天皇と戦争の世紀」加藤陽子著（講談社）
「卑弥呼と邪馬台国」黒岩重吾・大和岩雄著（大和書房）
「邪馬台国と古代中国」王金林著（学生社）
「女帝と道鏡　天平末葉の政治と文化」北山茂夫著（中央公論新社）
「孝謙・称徳天皇」勝浦令子著（ミネルヴァ書房）
「井伊家十四代と直虎」彦根商工会議所編（サンライズ出版）
「宮本武蔵」大倉隆二著（吉川弘文館）
「江戸の剣豪列伝」河合敦監修（主婦の友社）
「逆転の日本史　つくられた「秀吉神話」」津田三郎他著（洋泉社）
「消された秀吉の真実　徳川史観を越えて」山本博文・堀新・曽根勇二編（柏書房）
「日本史汚名返上「悪人」たちの真実」井沢元彦・和田秀樹著（光文社）
「徳川綱吉」塚本学著（吉川弘文館）

「早わかり江戸時代」河合敦著（日本実業出版社）
「幕末維新の個性6　井伊直弼」母利美和著（吉川弘文館）
「安政の大獄　井伊直弼と長野主膳」松岡英夫著（中央公論新社）
「徳川吉宗の人間学　変革期のリーダーシップを語る」津本陽・童門冬二著（プレジデント社）
「シリーズ日本近世史3　天下泰平の時代」高埜利彦著（岩波書店）
「織田信長合戦全録　桶狭間から本能寺まで」谷口克広著（中央公論新社）
「島原の乱　キリシタン信仰と武装蜂起」神田千里著（中央公論新社）
「犬養毅　その魅力と実像」時任英人著（山陽新聞社）
「逆説　明治維新　書き換えられた近代史」榊原英資著（日本文芸社）
「蒙古襲来と神風　中世の対外戦争の真実」服部英雄著（中央公論新社）
「刀と首取り　戦国合戦異説」鈴木眞哉著（平凡社）
「日本海海戦の真実」野村實著（吉川弘文館）
「日本海海戦　かく勝てり」半藤一利・戸高一成著（ＰＨＰ研究所）
「建武中興　後醍醐天皇の理想と忠臣たちの活躍」久保田収著（明成社）
「後醍醐天皇　南北朝動乱を彩った覇王」森茂暁著（中央公論新社）
「新解釈　関ヶ原合戦の真実　脚色された天下分け目の戦い」白峰旬著（宮帯出版社）

「関ヶ原合戦」笠谷和比古著（講談社）
「戦争の日本史18　戊辰戦争」保谷徹著（吉川弘文館）
「鳥羽伏見の戦い」野口武彦著（中央公論新社）
「ペリー来航」西川武臣著（中央公論新社）
「弥生時代の歴史」藤尾慎一郎著（講談社）
「タネをまく縄文人　最新科学が覆す農耕の起源」小畑弘己著（吉川弘文館）
「新書・江戸時代4　鎖国　ゆるやかな情報革命」市村佑一・大石慎三郎著（講談社）
「日本人と参勤交代」コンスタンチン・ヴァポリス著／小島康敬・M・ウィリアム・スティール監訳（柏書房）
「参勤交代」山本博文著（講談社）
「廃藩置県　近代国家誕生の舞台裏」勝目政治著（KADOKAWA）
「廃藩置県「明治国家」が生まれた日」勝田政治著（講談社）
「江戸三百藩全史　増補改訂版」（スタンダーズ）
「近世国家の成立・展開と近代」藤野保編（雄山閣出版）
「聖徳太子の真実」大山誠一著（平凡社）
「天皇・皇室を知る事典」小田部雄次著（東京堂出版）
「昭和天皇」小堀桂一郎著（PHP研究所）

「歴史から読み解く日本国憲法」倉持孝司編（法律文化社）
「改めて知る　制定秘話と比較憲法から学ぶ日本国憲法」小川光夫編（清水書院）
「知識ゼロからの古墳入門」広瀬和雄著（幻冬舎）
「真珠湾の真実　ルーズベルト欺瞞の日々」ロバート・B・スティネット著／妹尾作太男監訳（文藝春秋）
「検証・真珠湾の謎と真実　ルーズベルトは知っていたか」秦郁彦編（中央公論新社）
「あなたの歴史知識はもう古い！　変わる日本史」日本歴史楽会著（宝島社）
「変と乱の日本史　歴史を変えた18の政変とクーデター」河合敦著（光文社）
「西郷隆盛伝説の虚実」安藤優一郎著（日本経済新聞出版）
「大西郷という虚像」原田伊織著（悟空出版）
「こんなに変わった歴史教科書」山本博文監修（東京書籍）
「平清盛　福原の夢」高橋昌明著（講談社）
「江戸幕府崩壊」家近良樹著（講談社）
「図解雑学　幕末・維新」高野澄著（ナツメ社）
「二・二六事件とは何だったのか」藤原書店編集部編（藤原書店）
「戒厳」北博昭著（朝日新聞出版）
「選書日本中世史　4　僧侶と海商たちの東シナ海」榎本渉著（講談社）

「織田信長〈天下人〉の実像」金子拓著（講談社）
「戦国史の俗説を覆す」渡邊大門編（柏書房）
「会津落城」星亮一著（中央公論新社）
「応仁の乱」呉座勇一著（中央公論新社）
「そのとき歴史が動いた29」ＮＨＫ取材班編（ＫＴＣ中央出版）

毎日新聞・福島民報・河北新報
朝日新聞ＤＩＧＩＴＡＬ（https://www.asahi.com/）
ＮＨＫオンデマンド（https://www.nhk-ondemand.jp/）

カバー写真
右上：「平治物語絵巻」（写し／国会図書館所蔵）

最新研究でここまでわかった
日本史 通説のウソ

2021年 5月 11日　第1刷

編　者　日本史の謎検証委員会
製　作　オフィステイクオー
発行人　山田有司
発行所　株式会社彩図社
〒170-0005
東京都豊島区南大塚3-24-4 MTビル
TEL 03-5985-8213　FAX 03-5985-8224

URL：https://www.saiz.co.jp/
Twitter：https://twitter.com/saiz_sha

印刷所　新灯印刷株式会社

ISBN978-4-8013-0518-2 C0195

本書は、2018年3月に小社より刊行された『最新研究でここまでわかった 日本史 通説のウソ』を修正の上、文庫化したものです。